eビジネス新書
No.423

週刊東洋経済

欧州動乱史

地政学と歴史から「今」を読み解く

週刊東洋経済 eビジネス新書 No.423

欧州動乱史

本書は、東洋経済新報社刊『週刊東洋経済』２０２２年5月１４日号より抜粋、加筆修正のうえ制作しています。情報は底本編集当時のものです。（標準読了時間　１２０分）

欧州動乱史　目次

欧州の近現代史が反映

ウクライナ侵攻はなぜ起きたか　欧州200年史の帰結

「ウクライナとロシアは同じではない」。2022年2月24日のロシアによるウクライナ侵攻後、在日ウクライナ人たちがそう訴える姿が見られた。同じスラブ民族、そしてソ連（ソビエト社会主義共和国連邦）の構成国だったロシアとウクライナ。日本では「兄弟国ではなかったのか。なぜ戦うのか」と不思議に思う人が多い。

しかし「戦争はすでに2014年から続いていた」と、ウクライナ人は口をそろえる。ウクライナでは同年に親ロ政権が倒れ、親西欧の政権が発足。危機感を抱いたロシアのプーチン大統領は、ロシア系住民が多いクリミアを占領し、さらにウクライナ東部ドンバス地域を実質的に支配した。ここでは、親ロ派の武装組織とウクライナ側との戦闘が続いてきたのだ。

日本では、今回の侵攻を旧ソ連からの歴史認識で見ていた。それゆえ、ロシアとウクライナの関係を「兄弟国」として捉えがちだった。だが、ウクライナでは「2014年」を起点にしてロシアを捉えていたのだ。

プーチン氏にも、1つの起点があった。それは、ソ連邦が崩壊した1991年だ。旧構成国の中には西側に付いた国がある。ポーランドやチェコ、バルト3国（エストニア、ラトビア、リトアニア）など反ソ意識が強かった国は、相次いでNATO（北大西洋条約機構）、EUに加盟。ロシアからすると、敵対していた側との国境が目前に迫るという脅威を感じてきた。

ウクライナは独立後、政権は親ロか親西欧かで違いはあったが、安全保障ではNATOと距離を置いてきた。ところが2019年に大統領に就任したゼレンスキー氏がNATO、EU加盟の立場を急速に強めていたところだった。

ここで注目されるのが、地政学だ。地政学とは、英国の地理学者・政治家だったマッキンダー（1861〜1947年）が事実上の開祖とされる学問だ。彼の説く地政学の原点を次図に示す。海洋国家・英国にとって、欧州の運命はユーラシア大陸内部の勢力が変動することで左右される、という考えだ。

ハートランドがカギ ―マッキンダーの地政学的世界―

マッキンダーはユーラシアを起点とする国際関係を地理的に分析。ユーラシア大陸の心臓部を「ハートランド」と名付け、ここの制覇をめぐって、大陸勢力と、これを制止しようとする欧州の沿岸地帯の勢力とがせめぎ合いを続けていると考えた。

(出所)『マッキンダーの地政学』を基に東洋経済作成

NATO拡大を嫌がるロシア ―欧州のNATO加盟国―

(出所) 東洋経済作成

NATO(北大西洋条約機構)は1949年に創設された軍事同盟。これに対抗してソ連を中心とする「ワルシャワ条約機構」があった。89年からの東欧圏の崩壊でポーランドなどが相次いでNATOに加盟し加盟国は現在30カ国。NATOの拡大がロシアにとっては脅威となっている。

このユーラシア大陸の内部を「ハートランド」とし、ここを制覇しようとする大陸勢力と、これを封じ込めようとする欧州の沿岸地帯がせめぎ合っているとマッキンダーは考えた。

こうした地政学からは、ロシアは伝統的に敵対的勢力と直接対峙することを嫌い、緩衝地帯を置いてきた。それが東欧諸国だ。カザフスタンなどの中央アジア諸国も、衛星国となり緩衝地帯の役割を果たしてきた。

ところが欧州側では、旧ソ連構成国や衛星国は、急速に親西欧の姿勢に転換していった。緩衝地帯を相次いで失ったロシアにとって、欧州とロシアの狭間にあり相対的に面積も広く人口も多いウクライナが西欧側についてしまうことは国家的な危機だ——。プーチン氏はそう考えたのだろう。

しかもプーチン氏は、侵攻の前から「ウクライナの非軍事化と非ナチス化を目指す」と表明した。ゼレンスキー氏やウクライナ内の軍事組織「アゾフ大隊」に対しては、「ネオナチ」と非難することをプーチン氏はためらわない。

ナチスドイツと血で血を洗う死闘を繰り返した当時のソ連は、独ソ戦を中心とした第2次世界大戦で約2600万人という最大の犠牲者を出した。ウクライナは、独ソ両軍による凄惨な死闘が何回も繰り広げられた場所でもある。

では、そのナチスドイツはどう生まれたか。ソ連という国家が生まれ、欧州と敵対することになった経緯は。現在進行形の事態からその理由をたどっていくと、そこに至った欧州の歴史が見えてくる。

1815年からのウィーン体制では、それまでの王制国家と各民族のナショナリズムを反映した欧州秩序がつくられた。これは、1789年のフランス革命という市民革命が既存体制に挑戦し、王政と民主政治が対立する中で生み出された妥協案だった。その後、統一されたドイツの誕生、帝国主義の拡大、民主主義の広がりと共産主義の出現、ナショナリズムの勃興などで欧州は揺れた。総力戦となった第1次世界大戦では二度と悲惨な戦争は起こさないとして欧州秩序は再編されたがヒトラーのナチスドイツの台頭を生み、再度の世界大戦を招いた。

終戦後は米ソ両陣営による冷戦が始まる。軍拡競争の中で、硬直的な経済体制と官僚制のきしみが広がったソ連が崩壊。東欧圏の独立とEUの発足により現在の体制となってから30年経った今、ウクライナ侵攻で今後の欧州秩序が変わろうとしている。

【欧州　動乱の歴史】19世紀~現代の歴史年表

【王制と自由主義、ナショナリズムとの対立、帝国主義の進展】

1789年：フランス革命　世界史上の市民革命の代表例
1815年：ウィーン会議　市民革命で動揺した欧州秩序の再編
1832年：ギリシャ独立　オスマン帝国の瓦解始まる
1848年：フランス2月革命、ドイツ3月革命
1852年：フランス第2帝政　民主制と権威主義の併存
1853年：クリミア戦争　ロシアの地中海進出が頓挫
1860年：イタリアの統一

1870年：プロイセン＝フランス戦争　プロイセンの圧勝
1871年：ドイツ帝国成立　「ビスマルク時代」の始まり

【2度の世界大戦と大惨禍】

1914年第1次世界大戦勃発
1917年：ロシア革命・ソビエト政権の成立　初の社会主義革命
1919年：ベルサイユ体制　ドイツの領土割譲・巨額の賠償金
1920年：国際連盟発足
1929年：ニューヨーク株式市場の暴落　「大恐慌」
1933年：ナチスドイツ政権発足　ヒトラーの台頭
1939年：第2次世界大戦始まる
1945年：終戦　国際連合発足

【核の時代と東西対立】
1946年：英チャーチル「鉄のカーテン」演説
1947年：「マーシャルプラン」　冷戦の本格化
1953年：ソ連・スターリン死去　ソ連の「雪解け」
1968年：チェコスロバキア「プラハの春」とその挫折
1979年：ソ連によるアフガニスタン侵攻
1989年：東欧諸国の民主化
1991年：ソ連崩壊　冷戦の終結

【グローバル化の進展、地域紛争の頻発】
2008年リーマンショック　金融不安の拡散
2019年：新型コロナウイルス感染症の世界的流行
2022年：ロシアによるウクライナ侵攻

（福田恵介）

『13歳からの地政学』著者が教える

【地政学】「地理」が規定する行動様式

国際政治記者・田中孝幸

ロシアの侵攻を理解するためには地政学を知る必要がある。「きほんのキ」を徹底解説する。

地平線のかなたから土煙を上げて押し寄せてくる侵略軍。町の住民はあちこちの道にバリケードを築いて守ろうとするが、あえなく打ち破られる。男性は殺されて道端に捨てられ、女性や子どもは暴行されて連行される。あらゆる建物は破壊されてがれきにされ、放置される――。

これは最近報じられたウクライナの首都キーウ（キエフ）近郊の惨劇の描写ではな

い。1240年にキーウを襲ったモンゴル帝国による侵略の記録だ。その際キーウは徹底的に破壊され、人口5万人の町は2000人まで減ったとされる。大陸国家ロシアの心理は、この〝地平線の土煙〟への恐怖がわからないと理解できない。

地政学とは何だろうか。それは同じ人間なのに生まれ落ちた土地によって出てくる行動様式の違いを考えることといえる。地理的環境が大きく変わらない限り、人間は同じ悲劇を繰り返す可能性があると知ることでもある。

ロシアの強迫観念

シベリア鉄道に乗った日本人観光客の多くは何日も変わらない地平線と向かい合うことになり、大陸の広大さに感動させられる。ただ、住んでいる人たちにとっては、それは到底のんびりできる状況ではない。海や山、大きな川といった自然の障壁がなく、どこからでも見晴らしがよいというのは、どこからも簡単に攻められる危険性が高いことを意味する。

そういう環境に置かれた場合、自分の町、そして家族を守るために何ができるか。古代から現代に至るまで、人間がやってきたことは主に2つだった。第1は町の城壁を高くし、軍備を整えること。第2は自分の町からできるだけ遠くに国境を置くようにすることだ。外界との境界が遠ければ遠いほど、侵入された際に防戦しやすくなる。周囲の国々を自分の言うことを必ず聞く属国にすることで安全を確保する手もある。

しかし「国境を自分の町から遠くする」のは領土を広げることと同じで、周りの国にとっては侵略行為そのものだ。当然、攻められるほうは抵抗する。侵略者は住民を皆殺しにしたり、他の土地に強制連行したりして占領地の支配を固め、将来の禍根を断とうとする。

これは今まさに、ロシアやウクライナで起きていることだ。2014年に南部のクリミア半島をロシアに併合されたウクライナは、徴兵制を復活させ、軍備も近代化して強化。一方、西側諸国に勢力圏を奪われるという強迫観念に駆られたロシアは、ウクライナに武力攻撃を仕掛けている。

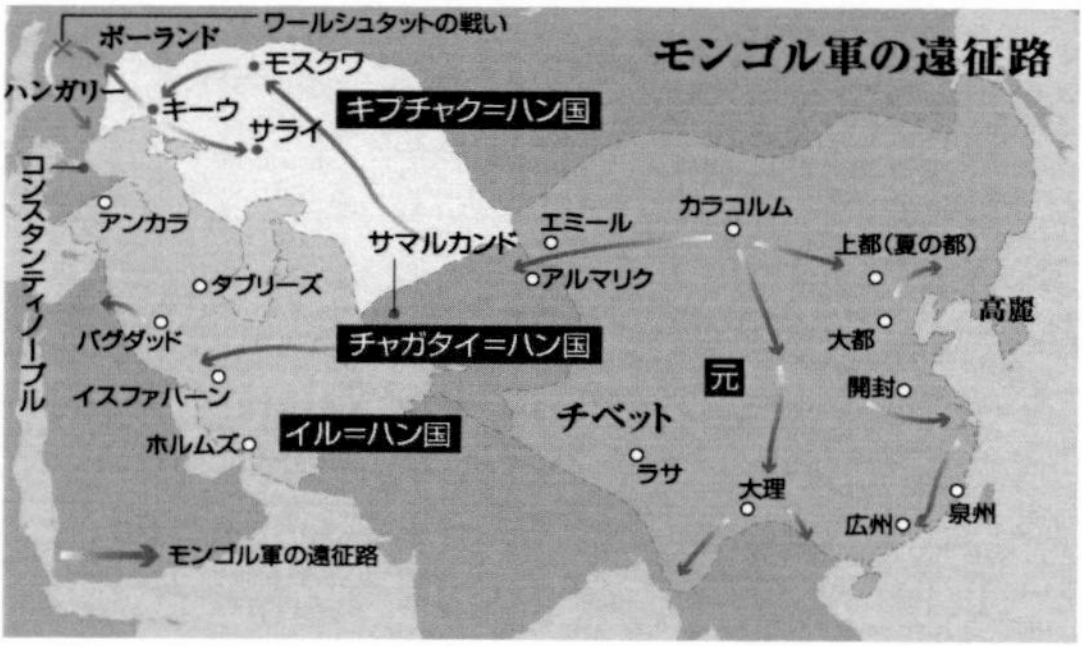
モンゴル軍の遠征路
ワールシュタットの戦い
ポーランド
モスクワ
ハンガリー
キーウ
サライ
キプチャク=ハン国
コンスタンティノープル
アンカラ
タブリーズ
バグダッド
イスファハーン
ホルムズ
イル=ハン国
チャガタイ=ハン国
サマルカンド
エミール
アルマリク
カラコルム
上都(夏の都)
高麗
大都
開封
元
チベット
ラサ
大理
広州
泉州
モンゴル軍の遠征路

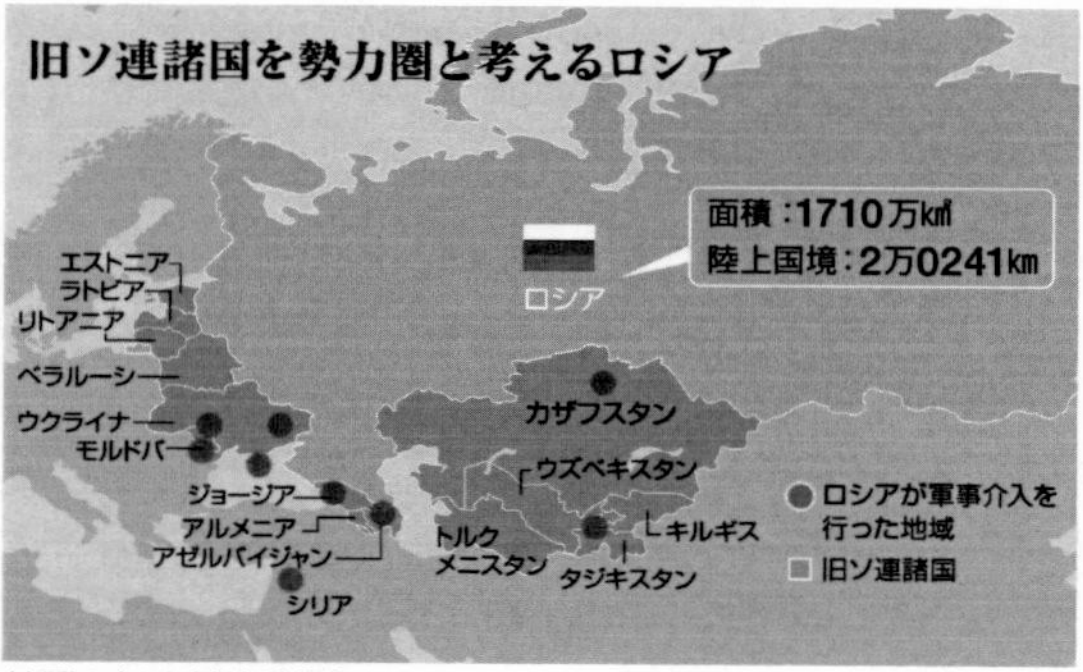
旧ソ連諸国を勢力圏と考えるロシア
面積:1710万㎢
陸上国境:2万0241㎞
ロシア
エストニア
ラトビア
リトアニア
ベラルーシ
ウクライナ
モルドバ
ジョージア
アルメニア
アゼルバイジャン
シリア
トルクメニスタン
カザフスタン
ウズベキスタン
キルギス
タジキスタン
ロシアが軍事介入を行った地域
旧ソ連諸国

(出所)2点とも東洋経済作成

ところがウクライナ側の予想外の抵抗に遭い、ロシアはまず東部とクリミア半島をつなぐ南東部マリウポリの支配を固めようと包囲戦を展開した。そして町を徹底的に破壊し、避難名目でロシア各地に住民を連行し、定住させようとしている。無人になった市内の地区にはロシア国内から政権に忠実な国民を送り込むとみられている。

ロシアの歴史では住民の強制移住は珍しいことではない。マリウポリの住民の多くも、18世紀にクリミア半島から強制移住させられたギリシャ正教徒を祖先に持つ人々だ。住民を入れ替えるというのは中世的な蛮行に見えるが、地政学的条件が変わらなければ現在でも繰り返される危険性があるのだ。

陸上国境とは歩いて越えられる国境のこと。国土面積が世界一のロシアは約2万キロメートルの長大な陸上国境を抱えている。そして、ほとんどの区間は高いフェンスが立っているわけでもなく、出入りは難しくない。

国土が大きく、国境も長大である分、周辺国の攻撃におびえる気持ちも強くなる。これはロシアが日本の北方領土を含めた領土に執着する理由の1つになっている。

そしてロシアは過去、多くの隣国と国境をめぐるトラブルを抱えていただけに、他国を信頼して対等な同盟関係を築くのは難しい。そもそも周囲の国々をできるだけ属国にしようとしているのだから、信頼関係を結べるわけがない。ロシアは近年、中国との関係を強化しているが、これは共通の敵である米国を意識した動きであり、軍事同盟にまで発展する可能性は低い。2万キロメートルを超える陸上国境を有する中国もロシアと同様の事情を抱え、他国と対等な同盟関係を結ぶのが難しいためだ。

違う立場への想像力

地政学を考えることは、地球儀や地図を見て自分と立場が違う国や人々がどのように生き抜こうとしているのか想像する営みでもある。そして、今の日本ほどそれを必要としている国はない。なぜなら、日本は世界の中でもよくも悪くも特異な国であるからだ。

日本はそもそも陸上国境をまったく抱えていない。このような純粋な島国はG7(主要7カ国)の中でも日本だけで、G20でも、ほかにはオーストラリアしかない。

それに世界の大半の国々と異なり、大国に植民地化された歴史がない。ロシアや中国のように多くの民族を抱えているわけではなく、世界最古の王朝である天皇家をまだ保持していて、国民のまとまりや団結力も比較的強い。

こうした条件に恵まれている分、世界の大半を占めるそうでない国々の立場を理解しにくくなっているのは否めない。近代日本はこうした要因で独善的になった揚げ句、太平洋戦争の敗戦にまで至った。世界では敗戦は亡国や国土の分断を意味するが、日本は幸いにして国の一体性を保った。

そして超大国・米国に世界のことを任せることで経済の再建に集中できる期間が続いた。それは地政学的な戦略眼をそれほど必要としなかった時代といい換えられる。

しかし米国は年々、内向き志向を強めている。世界中の海に艦隊を置く、国際秩序の仕切り役としての立場は変わっていないが、最近の米大統領は世界の警察官役を果たさないと明言しており、2021年はアフガニスタンからの部隊撤退にも踏み切った。

米国は近年、ことさらアジア重視を掲げているが、それは抜きがたい欧州偏重の意識の裏返しでもある。米国は地理的条件に恵まれ最強の軍隊を持つだけに、大多数の国民は他国を知る必要性が低い。そして選挙では彼らの票が米政権の外交政策も規定する。中国が台頭する中、日本が世界のことを米国に任せていては生き残りが厳しいのは明白だ。

日本にとって米国との同盟関係を保つ以上の優先事項はない。ただ中国と地理的に近く、立場も米国とは異なる日本が米国と同じ外交政策を取るのは難しいし、その必要もない。自らが世界の中で特異であることを謙虚に自覚し、他国の立場への理解を深めて行動する。それによってパートナーが自分の立場を尊重するよう導いていく。海洋国家である日本は、そうしたグローバルな視野を持つ国への脱皮が求められている。戦略的な思考を持つ人にはかつてなく挑戦的で、面白い時代になった。

田中孝幸（たなか・たかゆき）
大学時代にボスニア内戦を現地で研究。新聞記者として政治部、経済部、国際部、モスクワ特派員など20年超のキャリアを積み、40カ国以上で政治経済から文化に至るまで幅広く取材。

世界史講師が教える

ウクライナとロシアとは長く複雑な関係

歴史総合大学受験塾　史塾代表・福村国春

【ポイント】

①ロシアの統治が長く「歴史なき民」ともいわれる
②ロシア（ソ連）の工業と農業を支える
③スターリン専制の下で大規模な飢饉
④戦後もソ連の工業と農業を下支え

ロシア（ソ連）の歴史にはウクライナが隠れている。本当のウクライナ史とは。

ロシア史の中の「歴史なき民」

あるウクライナ史の権威は、同国の歴史で最大の問題は「国家がなかった」ことだとしている。「国家がなかった」ということは、そもそもウクライナはなかったということであるから、「歴史がなかった」と言い換えられる。これはいったいどういうことだろうか。

ロシア、ウクライナ、そしてベラルーシという、いわゆる東スラブ人の歴史の起源は、9世紀末に成立したキエフ・ルーシ公国にある。だが、13世紀のモンゴルの侵略によって公国は滅亡、ほかのユーラシア大陸の諸国と同様にキーウ（キエフ）も衰退した。その後、キーウに代わり、東に位置するモスクワが台頭し、この地域の中心はモスクワに移ってしまった。その結果、キエフ・ルーシ公国は、キーウを中心とするウクライナ人の国家ではなく、モスクワを中心とするロシア人を発祥とする国家として捉えられるようになった。

こうしてウクライナ人は、ロシアの名に隠されて歴史を歩むことを余儀なくされた。

例えば、ロシアに歴史がなかったと考える人はいないだろうが、ロシア人であるドストエフスキーや、チャイコフスキーも、実はウクライナ系である。ロシアの歴史には、数多くのウクライナが隠されてしまっているのだ。これが「歴史がなかった」ことの意味である。

ロシア史の中にウクライナを見つける

ウクライナは、地理的には欧州とロシアを結ぶ要地であり、海に開いた土地でもある。穀倉地帯が広がり、近代以降は工業も発展した。豊かな地域ゆえに、古くからロシア、ポーランド、リトアニア、オーストリアなどさまざまな勢力が侵入し、時に暴力的に支配してきた。周辺の大国に翻弄されてきた末に、ウクライナ人が独立の機会を得たのは、ロシア帝国が崩壊したときであった。

第1次世界大戦中の1917年、ロシア革命が勃発し、ロシア帝国は崩壊。その際にウクライナは「ウクライナ国民共和国」として独立を宣言した。現在のウクライナの国旗や国歌は、このときに掲げられたものが継承されている。

だがロシア革命の主導者レーニンは独立を許さなかったため、ウクライナの人々は激しく抵抗した。さらにレーニンはソ連を建国するまでの内戦で、「戦時共産主義」を導入した。戦争を口実に生産と分配を統制し、共産主義システムを浸透させるとともに、戦争に必要な穀物の徴発を強制したのである。穀倉地帯にもかかわらず、ウクライナでは1920~21年、100万人が餓死したとされている。

1922年にソ連が建国されると、ウクライナは連邦の辺境として位置づけられた。24年にレーニンが世を去り、スターリンが登場すると、ウクライナの立場はより深刻なものとなる。スターリンはウクライナの抵抗を抑える必要に迫られた。さらには工業化のためには食料が重要であり、機械化のための外貨を獲得するにも穀物の輸出は必須であった。

これらの課題を解決する手段として、ウクライナの農民が酷使された。農民の労働意欲は低下して生産は落ち込んだ。にもかかわらず、政府は収穫の3分の1ないし半分を強引に徴発。抵抗する者は弾圧され、処刑された。不作による必然性のある飢饉ではなく、徴発による人為的な飢饉が起こり、32〜33年には、300万〜600万人もの餓死者が発生したという。

世界史で「ロシア（ソ連）」の歴史として学ぶ、戦時共産主義や5カ年計画は、ウクライナの犠牲の上に成立していたのである。

1939年に第2次世界大戦が起こると、ウクライナはドイツの侵攻を受けた。ソ連軍は撤退に際し、刑務所や収容所の1万〜4万人を殺害。工場や鉄道、発電施設などをすべて破壊していった。ドイツはウクライナを占領すると、人々を強制連行して労働に従事させた。旧ソ連領から連行された280万人のうち230万人はウクライナからとされている。つまり、第2次大戦の「ソ連（ロシア）」や「ドイツ」に区分されている膨大な死者や犠牲となった人々の中には、多くの「ウクライナ」が潜んでいるのである。

第2次大戦末期である45年、クリミアにあるヤルタで開かれた連合国首脳会談から冷戦は始まった。冷戦が続く間、ソ連の工業と農業を支えたのは、やはりウクライナであった。

1955年に始まるつかの間の雪解けを主導したソ連の最高指導者、フルシチョフは、若い頃はドンバスで働き、官僚となって以降もウクライナに長く滞在した経験がある。フルシチョフは54年、「ウクライナに対するロシア人民の偉大な兄弟愛と信頼のさらなる証し」として、クリミアをウクライナに移管している。

この雪解けの間に成功した人工衛星スプートニク1号の打ち上げは、米国に対して軍事的優位を示すことになったが、開発に尽力したのはウクライナ人のコロリョフである。だが工場が排出する汚染物質は、ウクライナに広範囲な健康被害や公害問題をもたらした。

そしてよく知られているように86年、ウクライナのチェルノブイリ（チョルノービリ）原子力発電所で深刻な放射能漏れ事故が起きた。

1985年に党書記長に就いたゴルバチョフ(ちなみに妻はウクラナイナ系である)は、ペレストロイカ（改革）とグラスノスチ（情報公開）を進めた。91年8月、改革に反発する勢力によってクーデターが起きたが、これはゴルバチョフがクリミアの保養地で休暇中のことであった。

クーデターによって権力はゴルバチョフからエリツィンに移り、ソ連の体制維持は誰の目にも困難なものとなった。クーデター発生のわずか5日後、ウクライナの独立宣言を契機としてソ連は解体することになった。こうして見ると、冷戦において「ソ連（ロシア）」が東側の主体であるものの、さまざまな局面で「ウクライナ」が顔を出していることがわかる。

ウクライナを一体と考えるプーチン

ソ連の解体において連邦を構成していたウクライナやベラルーシは独立し、衛星国であった東欧諸国も自立していった。ウクライナは歴史の中に「自分たち」を確認し、キエフ・ルーシ公国を継承するものとして自らの歴史を歩み始めた。一方で、東欧諸国は西側の軍事同盟であるＮＡＴＯ（北大西洋条約機構）に次々と加盟していった。ロシアはそれらを黙って見ているしかなかった。

ロシアのプーチン大統領は「ソ連崩壊は２０世紀の世界における最大の地政学的惨

事だ」と語っている。冷戦が過去のものとなっていく中で、プーチンの心の内では大国ロシア復活への歪んだ夢が醸成されていたのである。そして、己の人生が晩年にさしかかるに当たって、歴史的で決定的な行動に出たのである。

福村国春（ふくむら・くにはる）

1983年生まれ。慶大東洋史学専攻と、美学美術史学専攻を卒業。大学受験塾「史塾」を運営する。一般向けのオンライン講座も開講。著書に『歴史の見方がわかる世界史入門』など。

ドイツ、ポーランドは軍備増強へ

ウクライナ戦争によって、周辺国では対ロシア政策を変更する動きが相次ぐ。ロシアへの警戒モードは最大級になっている。

【ドイツ】国防費をGDP比2％へ融和的な対ロ外交を転換

「自由と民主主義を守るために、わが国の安全保障にもっと資金を投じなければならない」。ドイツのショルツ首相はロシアによるウクライナ侵攻の3日後である2022年2月27日、国防費を2024年までに国内総生産（GDP）比2％に引き上げると独連邦議会で宣言した。

ドイツの国防費はGDP比で1・5%程度。ほかのNATO加盟国などから引き上げを求められていた。第2次世界大戦、とりわけ独ソ戦で多数の戦死者を出したため旧ソ連時代から融和的な対ロ外交を続けてきたドイツにとって、大きな転換点になる。

首相の議会演説の前日には、独政府はウクライナに携帯型地対空ミサイルなどを供与すると発表した。それまでドイツは「紛争地に武器を送らない」として、ウクライナへの武器供与を拒否してきたが、その方針を変えた。さらに4月下旬、重火器である対空戦車の供与も決めた。攻撃的な武器についてはロシアを刺激しないように慎重な姿勢を取ってきたが、いっそう踏み込んだ。

外交的・軍事的にはロシアと距離を置き始めたドイツ。だが経済面、とりわけエネルギー供給ではロシアとのつながりが深い。輸入される原油の約35%、天然ガスの過半がロシア産だ。

エネルギー輸入について多様化を進める方針だが、ロシア産の全面禁輸には踏み切れない。22年は重要な地方選がいくつもあり、政府としては、エネルギー不足や物価高が家計や雇用に響くのは避けたい意向が働く。

経済界でも鉄鋼や自動車産業で早急な脱ロシア化によるコスト増を警戒する声がある。欧州最大の工業大国の悩みは深い。

【ポーランド】対ロシアでNATOの最前線　避難民を大量に受け入れ

ウクライナ戦争によって同国を逃れた市民は4月下旬までで500万人を超える。その半分以上を受け入れているのが、隣国のポーランドだ。ロシアとは直接、国境を接していないが、親ロシア政権のベラルーシとは400キロメートルの国境線を有している。

ポーランドはロシアの影響を強く受けてきた。18世紀、3度にわたり、ロシア、プロイセン、オーストリアの3カ国によって分割され、第1次世界大戦終了までの123年間、地図から消滅した。第2次世界大戦ではソ連とドイツが分割占領。第2次大戦での犠牲者は当時の人口の5分の1に達し、これは世界最高の比率だ。戦後は東側陣営に組み込まれた。1980年代、労働組合「連帯」を中心とした自由化運動が活発になり、東欧の自由化に影響を与えた。89年には旧ソ連圏で最初の非社会主義政権が発足した。歴史的経緯からロシアへの警戒感が強く、「欧州への回帰」を目標に、99年にNATO（北大西洋条約機構）に加盟。2004年にはEU（欧州連合）に加盟した。

ポーランドはドイツやフランスなどEU主要国からの信頼が厚いとはいえなかった。国粋的な右派政権が、移民や報道の自由などに関してEUの理念と反する政策を取ってきたためだ。ロシアに対する強硬姿勢もウクライナ戦争前まではEUの中で突出していた。

ところが今回、西側にとってはポーランドの地政学的な重要性が改めて認識されることになった。米国、英国、ドイツなどはポーランド経由でウクライナへの軍事支援を拡大している。ポーランドは、現在国内総生産（GDP）比2％程度の国防費を23年に3％に引き上げる方針を表明した。

Point

- 第2次大戦で壮絶な独ソ戦
- 東西での分裂を経て統合
- エネルギーはロシアに依存

Point

- 19世紀はロシアによる統治
- ウクライナとの長い国境線
- ウクライナから200万人以上が避難

【フィンランド】中立から転換、NATO加盟へ

ロシアと1300キロメートルもの長い国境線を有するフィンランドでは、ロシア脅威論が日増しに強まっている。

フィンランド議会は4月20日、NATO（北大西洋条約機構）加盟を含む安全保障政策の強化に向け審議を始めた。マリン首相は議会で、加盟申請の方向性について「決断を下す時だ」と表明。政府は議会の判断を踏まえ、5月中にも加盟申請の是非を最終判断する見通しだ。フィンランド西側の隣国であるスウェーデンと足並みをそろえ、22年夏にもNATOへの加盟申請をするとの見方が有力になっている。

フィンランドの歴史はロシア抜きには語れない。1809年、スウェーデンは勢力を強めるロシアにフィンランドを割譲した。19世紀、ロシアの圧制が続く中で民族自決の機運が高まり、1917年、ロシア革命のさなかに独立を宣言し共和国となった。

第2次世界大戦中の1939年、ソ連がフィンランドに侵攻するとソ連と戦い（～

40年、冬戦争）、41年にはナチスドイツと結んで対ソ戦争（～44年、継続戦争）に参加。44年ソ連に降伏した後は、ドイツと戦った（～45年、ラップランド戦争）。戦後は48年にソ連と友好協力相互援助条約を締結。政治・軍事的には、大国であるソ連に配慮しながら積極的中立政策を取っている。95年にEU（欧州連合）に加盟したが、軍事同盟であるNATOには加わっていない。

NATOには加盟しない代わりに、自主防衛に力を入れる。人口が551万人の小国であるため国防軍は2万人強しかいないが、徴兵制を採用し有事の動員兵力は28万人以上。国民の間では第2次世界大戦で大国を相手に戦った記憶が伝わり、祖国防衛の意識が強いとされている。

NATOへの非加盟についてこれまでは国民の支持を得てきた。フィンランド国営放送局による世論調査では、2014年にはNATO加盟を支持するのは26％だったが、22年3月には62％が支持している。ウクライナ侵攻によって、国民の意識も大きく変化した。

また、フィンランド政府は2月末、ウクライナに対し、ライフル銃と弾丸、対戦車兵器を供与することを決めた。これまでは紛争国への武器輸出を認めてこなかったが、方針を転換した。

国防費のGDP比は1%台だが、ロシアとの国境線警備のため国防費の増額を表明している。

【バルト3国】反ロシア感情強く、小国ゆえに危機感

エストニア、ラトビア、リトアニアは、「バルト3国」と呼ばれる。3カ国ともロシア、ソ連に併合・統治されてきた歴史を持つが、エストニアとラトビアは北欧諸国やドイツともつながりが強く、リトアニアはポーランドとの関係が密接だ。

言語はエストニアがフィンランド語と同じウラル語族であり、ほかの2カ国が印欧語族に入る。宗教もエストニア国民の半数近くが無宗教で、ラトビアはプロテスタント、リトアニアはカトリックが多数派だ。

バルト3国は1918年に独立を果たした。だが39年にソ連と相互援助条約を締

結しソ連軍が駐留、40年にソ連に併合された。その後、41年の独ソ戦の勃発によってナチスドイツが支配した。当時、リトアニアの日本国領事館領事代理だった杉原千畝（ちうね）氏がユダヤ人に「命のビザ」を発給したのは、この混乱の中での出来事だ。

第2次世界大戦終結前後には、再びソ連の構成共和国として編入された。独立への動きが強まったのは80年代半ば以降、当時のゴルバチョフ書記長によるペレストロイカ（改革）を契機とする。

1988年に3カ国で人民戦線が結成され、リトアニアでは91年1月にソ連軍との衝突による「血の日曜日事件」で死者が発生した。それでも91年8月のソ連のクーデター後に3カ国とも独立を取り戻して、ソ連崩壊に影響を与えた。

独立後の経済・外交政策は、親米・親EUで一貫している。2004年にNATO（北大西洋条約機構）、EU（欧州連合）にそろって加盟した。

3カ国はソ連時代を「暗黒時代」と見なしている。ナチスドイツの鉤（かぎ）十字、ソ連の鎌と鎚といった標章を禁止している。

また、対独戦争勝利記念式典といったロシアが国内で開く式典には、首脳らが出席を拒否するほど、バルト3国の反ロシア感情は根強い。

バルト3国はロシア、ベラルーシと国境を接している。2022年3月、ウクライナのゼレンスキー大統領は「ウクライナが陥落すれば、次はバルト3国だ」と警告したが、こうした危機感は3カ国ともにウクライナと共有している。

3カ国はこれまでロシア外交官の追放やロシア産ガスの購入停止などを行った。EU・NATO加盟国という強固な後ろ盾はあるものの、ロシアからの軍事的・地政学的危機は高まる一方だ。

（福田恵介、長谷川　隆）

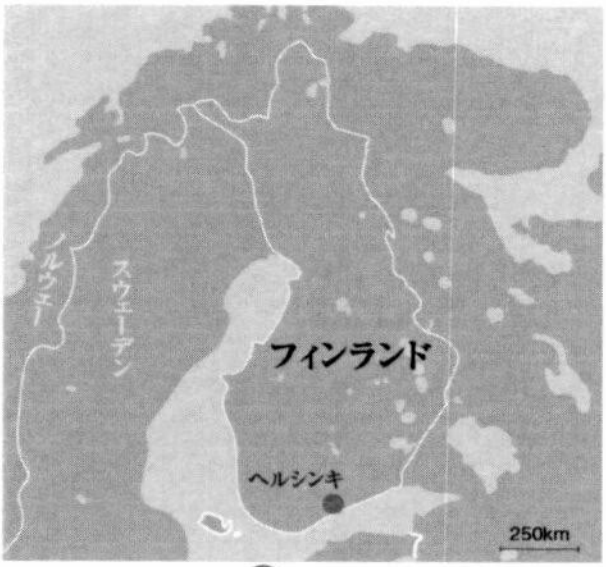

Point

- ドイツ、ロシアとそれぞれ戦争
- NATO加盟を検討へ
- ロシアとの長い国境線

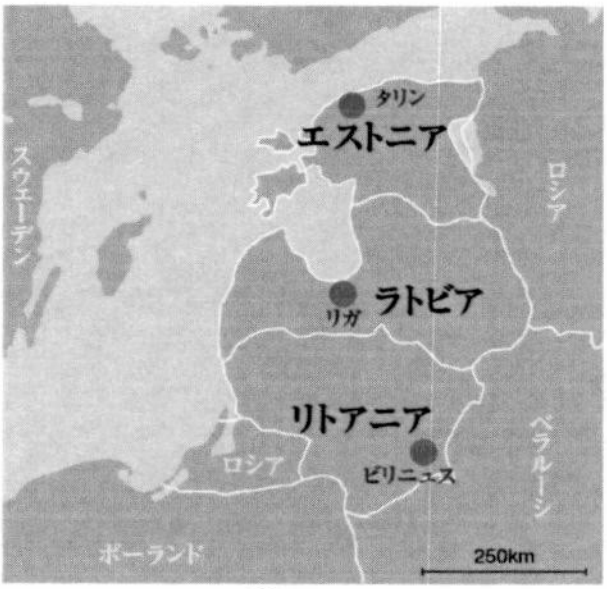

Point

- 長かったロシア・ソ連支配
- ナチスドイツにも支配受ける
- ソ連崩壊後、親米・親EU

東西の対立で見る欧州の歴史

神奈川大学教授・的場昭弘

ユダヤ教の教えに数秘術というものがある。数字に意味を持たせることがユダヤ教の伝統だ。個人の名前も数字に表し、人生を占うのだ。こうした数字の中でとりわけ神秘な数字、大きな変化の起こる数字が9である。歴史をこの数字で見ると、意外なことに気づく。大きなことは、末尾が9の年に起こる。これはあくまで偶然だが、近代史を見ると単なる偶然だけで済ませられない事実が浮かび上がる。

現代の西暦はグレゴリオ暦といわれ、キリストの生誕を起点としている。1582年から欧州で採用された。それ以後の歴史を見ても、欧州史を大きく変える出来事はこの末尾が9の年、またはその前後に起こっていることがわかる。

三十年戦争と清教徒革命

近代の国民国家成立の先駆けとなる三十年戦争を終結させたウェストファリア条約は、1648年に締結された。これによって、欧州は西欧の国民国家と東欧の帝国に分かれる。英国は、1640年に清教徒革命が起こり、1688～89年の名誉革命でいよいよ国民国家モデルをつくり上げる。

一方フランスは、1789年のフランス革命によって絶対王政を崩壊させ、国王のいない人民主権の主権国家を成立させる。こうして、西欧では人民主権国家が中心となり、しだいに東欧へとその圧力をかけていく。西欧支配による近代化のスタートである。

人民主権国家の成立

その国民国家という十字軍を東欧に仕掛けたのが、1799年11月9日、クーデターでフランスの実権を握ったナポレオン・ボナパルトである。ナポレオンはフランス革命の精神、自由と民主主義を広めるべく、東欧への進撃を開始。ナポレオンは1814年4月に退位するまで、欧州を支配していた宗教的権威とオーストリア、プロイセン、ロシアといった帝国を屈服させようとする。それは失敗に終わるが、そこから民族独立運動と西欧的価値規範である国民主権を求める民衆運動が始まる。こうして、帝国に支配されていた地域に独立運動が起き、ポーランドやギリシャの独立運動が起こる。

ウィーン体制からの近代

ナポレオン敗北後、ロシア、オーストリア、プロイセンを中心とした帝国による復古主義の動きがウィーン会議で進む。しかしウィーン議定書は過去への復古にとどまらなかった。むしろ、これらの帝国に支配されていた地域に、新たなる独立への機運をつくり出したのだ。

オスマン帝国、ロシア帝国、オーストリア帝国、プロイセン帝国によって歴史を失った「歴史なき民族」は、自らの歴史を求めて独立への機運を高める。19世紀を通して展開する民族独立運動、憲法制定運動、出版の自由を求める運動、社会主義・共産主義運動はすべてこの民族独立運動で生まれたものだ。1819年にドイツ連邦で有名なカールスバートの決議がメッテルニヒによって出され、こうした運動への弾圧が起こる。

国民国家・民族国家の実現

青年たちは青年運動を組織しこれと戦うが、彼らの思想的支柱はフランス革命だった。だからこそ、東欧へのフランスの侵略は侵略ではなく、近代化の始まりであるという考えが新しい世代の考えになる。彼らを駆り立てたのが、ポーランド独立運動であった。

西欧で生まれた国民国家、民族国家を実現しようという主張は、瞬く間に急進的な若者たちを捉える。彼らはロシアでは西欧主義者「ザーパドニキ」、ドイツではマルクスのようなヘーゲル左派、イタリアではマッツィーニのような「青年イタリア」であった。

その爆発が、1848~49年に起こった2月革命と3月革命だ。フランスでは第2共和政が実現し、プロイセンやオーストリアでは一時的ではあるが民主的政権が成立する。そして東欧では、汎スラブ主義運動が展開し、ロシアなどの帝国は恐れおののく。しかし結局ウィーン体制を崩すことはできなかった。この体制が崩壊し、今われわれが見ている欧州の祖型ができるのが第1次世界大戦後のことで、新しい勢力図は、1919年のベルサイユ条約によって実現する。

1919年のベルサイユ

ベルサイユ条約は、欧州における国民国家の勝利を決定づけるものであった。それまでフランスや英国などに限られていた民族的国民国家が、東欧に移入される。東欧を分割支配していたロシア帝国、オスマン帝国、オーストリア＝ハンガリー帝国、ドイツ帝国は、各民族が独立国家を形成するのを認め、ポーランド、チェコスロバキア、ハンガリー、ユーゴスラビア、ルーマニア、ブルガリアといったほぼ現在と同じ国家が生まれ、帝国は解体する。ドイツとオーストリアはスラブ民族を独立させたことで小国となり、かつ皇帝は廃位され、共和制国家になる。オスマン・トルコは小国になった。ロシアではロマノフ朝が倒され、社会主義政権が成立した。

こうして西欧的国民国家が東欧に拡大し、欧州での西欧的体系が確立する。ナポレオンがもくろんだ体制が成立したともいえるが、ソ連という新しい体制の国がそれまでの東欧の帝国に代わって君臨することで、ベルサイユ体制における西欧支配は不完全なままにとどまる。

東西冷戦とその終焉

小国となったドイツは、戦後インフレと１９２９年の大恐慌の後、国力を再び増大させてドイツ帝国を復元しようとする。それが第三帝国だ。第三帝国はかつての植民地であった東欧へ1939年に侵攻し、さらにフランスやソ連に侵攻する。この侵攻は、ナポレオンが行った欧州の大帝国形成に匹敵するものだったが崩壊する。失敗は、ソ連のウクライナへの侵攻とそれに対する敗北にあった。

1949年と89年

1945年のドイツの敗北で欧州世界はまた大きく変わる。東欧圏がソ連圏に組み入れられたためだ。それが決定的になるのは、49年のコメコン設立だ。東欧が西欧から離脱することで、ベルサイユ条約による東欧圏の西欧化は頓挫する。それが冷戦だ。ソ連対西欧・東欧という構図が終わる。ソ連・東欧対西欧という構図は、ワルシャワ条約機構とNATO（北大西洋条約機構）との対立となって出現する。

こうして40年超が過ぎた1989年、事態は大きく変化する。49年から続いたソ連・東欧圏が崩壊した。49年からソ連・東欧圏は拡大したが、68年のチェコ事件、そして79年のソ連のアフガニスタン侵攻以来、形勢は逆転し、西欧が優勢になる。フランス革命200年となる89年に、ナポレオン以来のソ連・東欧への新たな西欧社会の十字軍が生まれる。フランス革命の記念式典の後、東ドイツが崩壊し、その後雪崩を打って東欧の社会主義は崩壊し、ベルサイユ体制に戻る。しかもそれは、91年のソ連崩壊まで進み、一時は欧州を西欧が統一するかにみえた。

しかしソ連は解体したが、ロシア帝国が復活する。ソ連は東欧圏のみならずソ連領にあったウクライナなどの共和国を独立させるものの、ソ連の跡を継いだロシアがこれらの国を西欧やアジアとの緩衝地帯として置くことでナポレオンやナチス以来の西欧のロシア侵攻を食い止めようとする。

1998年のロシア金融危機もあり、西欧の侵攻はとどまらなかった。東欧圏がNATOに組み入れられてEUに参加する中、ロシアは防戦一方となる。セルビアを除く東欧圏はほぼ西欧圏に編入される。ロシアは、民族的にも違うバルト3国は別として、EU・NATOとの緩衝地帯であるウクライナ、ベラルーシの動向に不安を抱く。

リーマンショック後

そうしたさなか、2008年にリーマンショックが起こり再び形勢は逆転する。リーマンショックによる西欧圏の打撃と衰退は、ロシアや中国、インド、ブラジル、南アフリカといった非欧州圏の力を拡大した。09年には、急激な成長を遂げる中国を中心とした国々が、西欧圏に対し堂々と抵抗し始める。

そもそも西欧は、アジア・アフリカの植民地をテコにして東欧を屈服させてきた経緯がある。西欧における民主主義も人権も非西欧ではまったく実現されず、ひたすら西欧への従属を強いられてきた。これらの国が独立を勝ち取るのは、第2次世界大戦後のことである。

非西欧諸国は、その独立闘争を支持したのがソ連・東欧圏であったことから、ソ連・東欧圏に入らなくとも非同盟国として西欧に対し批判的立場を貫いた。

2008年以後、こうした諸国がしだいに力を拡大することで、西欧中心のG7（主要7カ国）ではなく、G20を要求するようになる。ロシアはこれに気をよくし、西欧でも東欧でもなく、新しい方向として東洋を選ぶようになる。それがロシアと中国との急接近である。

新たな冷戦とコロナ禍

西欧はロシアの緩衝国であるウクライナに迫るようになるが、ロシアはこれに対して猛チャージを始める。BRICS（ブラジル、ロシア、インド、中国、南アフリカの5カ国）がこれを支援する。22年3月2日の国連決議では、国の数で見れば多数の国がロシアを批判したが、それを拒否した国の人口比で見れば53％の人口が国連決議をボイコットしているのだ。

西欧がEUやNATOの拡大により欧州を西欧として統一していく一方、アジア・アフリカは非西欧の世界として明確にそれに対抗するという構図ができつつある。

西欧の国民国家は17世紀以来徐々に西欧で確立され、フランス革命以後東欧にまで拡大し、東欧の帝国の崩壊と東欧諸国の独立を生み出した。だが、それに対する反発は第2次世界大戦以後のソ連・東欧圏を生み出した。しかし1989年以後、再び東欧の西欧化が進行していた。

しかしここに来て、事態は新しい方向に進みつつある。ロシアは西欧化を拒否し、それを中国やインドが後押しするという構図だ。しかもそこに急成長した中国が登場、巨大な人口を抱えるインドや今後の可能性を秘めたアフリカ諸国も入ることで、西欧との対立は冷戦以上に拮抗したものとなる。

一方、EUに参加している東欧にも、かなりの動揺がある。東欧は地理的に西欧以上にアジアの成長によって発展する可能性があるので、ロシアや中国との敵対に慎重なのだ。皮肉な話だが、17世紀から始まる西欧文明は、EUを東欧に拡大し、ロシアを包囲し、まさに勝利するかに見えたとき、西欧文明自体の危機に直面することになったのだ。

2021年12月に米大統領バイデンが米国を中心に西欧的価値規範の国を統合しようと試みたが、アジアやアフリカの多くは、かつてその西欧的価値規範の下、植民地にされ非人間的に扱われたことを忘れてはいなかった。だからそうした動きには慎重なのだ。それは東欧も同じだ。東欧はオーストリアやドイツの後背地として収奪の対象になったことを忘れてはいない。

第1次世界大戦の野蛮で悲惨な戦争の後、『西洋の没落』というドイツの文化哲学者のオスヴァルト・シュペングラーによる書物が欧州でバカ売れした。もう100年も前のことだ。すでに西欧の没落はゆっくりとしたものながら進んでいたともいえる。ウクライナやEUを含め、今後どういう構図となるかはわからない。ただ、これまでのような一方的西欧主義は消えていくだろう。

【解説】欧州の歴史

清教徒革命（1640〜49）

ピューリタン革命とも呼ぶ。ピューリタンを中心とする英国の市民革命。国王チャールズ1世の専制政治に議会が反発。その後国王派と議会派が対立したが、議会派のクロムウェルが登場し議会派が勝利。クロムウェルが「護国卿」として独裁政治を行った。クロムウェルの没後、王政に復した。

名誉革命（1688〜89）

英国の革命。国王ジェームズ2世が追放され、オランニェ公ウィリアム（ウィリアム3世）とメアリー（メアリー2世）が王位に就いた。流血なしでの革命だったためこう呼ばれる。議会を中心とする立憲君主制が樹立された。

フランス革命（1789〜99）

ブルボン絶対王政が倒れ、アンシャンレジーム（旧体制）の封建社会関係が崩壊した市民革命。世界史で市民革命の代表例とされる。1799年11月、ブリュメール十八日のクーデターでナポレオンが統領政府をつくるに至って、フランス革命は終結する。

ウィーン会議とカールスバートの決議（1815～19）

ウィーン会議とは、ナポレオン戦争の戦後処理を行った会議。欧州中のほとんどの君主や統治者が参加したが、オーストリア、プロイセン、ロシア、英国の4カ国が会議を主導。フランス革命以前の統治体制が再建されたと同時に、欧州諸国の勢力均衡も実現した。カールスバートの決議は、1819年9月20日、ドイツ連邦を構成する主要10カ国が集まって出した決議。オーストリア宰相メッテルニヒ主導で進められ、ドイツ各地で結成された学生同盟（ブルシェンシャフト）が推進した自由主義やナショナリズム運動が抑圧された。

2月革命と3月革命（1848～49）

2月革命はフランスで起こった市民革命。「7月王政」を市民が倒し、「第2共和政」を成立させた。3月革命は2月革命の影響を受けてドイツ各地で起こった市民革命。しかし、1849年7月までに鎮圧された。

ベルサイユ条約（1919）

第1次世界大戦を終結させるため、連合国側とドイツとで結ばれた講和条約。ドイツの領土割譲や巨額の賠償金支払いなどを決定した。1935年にドイツはこの条約を一方的に破棄した。

大恐慌（1929）

1929年から33年ごろまで、米国から資本主義国に波及した史上最大規模の世界恐慌。29年10月24日のニューヨーク株式市場の大暴落を契機に米国では工業生産が大きく落ち込み、大量の失業者を生んだ。その後、ブロック経済により自由貿易体制が分断され、第2次世界大戦の導火線ともなった。

第2次世界大戦（1939〜45）

1939年から45年にかけて行われた世界規模の戦争。日独伊などの枢軸国と、米英仏ソなどの連合国が戦った。39年9月、ドイツによるポーランド侵攻によって始まり、英仏対独戦争、独ソ戦争、太平洋戦争と拡大した。

コメコン設立と冷戦（1949）

コメコンは経済相互援助会議（COMECON：Council for Mutual Economic Assistance）の略称。ソ連を中心とした共産圏諸国の経済協力機関だった。マーシャルプランへの対抗措置として設立され、1991年に解体された。

チェコ事件（プラハの春）（1968）

チェコスロバキアで「人間の顔をした社会主義」を求める動きが高まり、一時期民主化が進んだ。ところがソ連軍が介入し、民主化を押し潰した。

ソ連のアフガニスタン侵攻（1979）

ソ連軍によるアフガニスタンへの侵攻。ソ連はアフガニスタンからの要請として侵攻したが、反政府派の抵抗と国際的な非難を受け89年に全面撤退した。

冷戦の崩壊（1989）

冷戦とは、第2次世界大戦後の、米国・欧州を中心とする資本主義陣営と、ソ連を中心とする共産主義陣営との対立を指す。1989年から東欧圏の社会主義政権の崩壊、ポーランドの民主化、チェコスロバキアのビロード革命、ベルリンの壁の崩壊と続き、91年にソ連が崩壊したことで冷戦は終結した。

リーマンショック（2008〜09）

米国の大手証券会社リーマン・ブラザーズの経営破綻とその後の株価暴落のこと。米国と関係する多くの大手金融機関が連鎖的に経営危機に陥り、それが実体経済に強い影響を及ぼした。

新型コロナウイルスの世界的流行とウクライナ侵攻（2019〜）

2019年末から中国で新型コロナウイルス感染症が発生。翌20年から世界中に広がった。22年4月末現在、日本国内の累計感染者数は750万人、死亡者数は約

2万9000人。世界では感染者数5億人、死亡者数620万人。ロシアは22年2月24日、ウクライナへの侵攻を開始した。これは14年のロシアによるクリミア併合、ロシア系住民が多いウクライナ東部ドンバス地域での紛争が背景にある。ロシアにとってはウクライナがNATOに加盟すると、安全保障上の緩衝地帯を失うことになるという危機感もあった。当初、短期決戦になるとみられていたが、ウクライナ軍が善戦。しかし、22年4月末現在、数千人から1万人以上の死者が出ている。

的場昭弘（まとば・あきひろ）

1952年生まれ。慶応大学経済学部卒業。経済学博士。『資本主義全史』、『超訳「資本論」』、『未来のプルードン』など著書・訳書多数。

【ナポレオン3世】「繁栄と没落」の皇帝人生

二松学舎大学教授・野村啓介

フランス皇帝ナポレオン3世(ルイ＝ナポレオン・ボナパルト：1808～1873)は、毀誉褒貶(きよほうへん)の激しい君主の1人である。とりわけ同時代の作家、ヴィクトル・ユゴーによる辛辣な批評は大きな影響を与え、ナポレオン3世は能力のない陰謀家との評価が定着した。

しかし時とともに状況は変化し、政治家としての資質や政策が再評価の対象になり、その帝政を肯定的に解釈する傾向が強くなっていった。当時の経済成長は「フランス資本主義の黄金時代」と称されるようになり、それを支えた制度や政策が着目されるようになった。この研究潮流はとくに第2次世界大戦後に強くなった。

ルイ＝ナポレオンは、大ナポレオンの帝国が崩壊すると、母親に連れられスイスへ亡命し、そこで多感な青年時代を過ごした。

1830年に母国で7月革命が勃発したのを機に政治活動を本格化。ナポレオン戦争後の欧州での秩序を支えていた、英国、オーストリア、プロイセン、ロシアなどの大国中心主義に立つウィーン体制（のちにブルボン復古王政下のフランスも加盟）を一貫して批判した。この立場から、ドイツ、イタリア、ポーランドなどにおけるナショナリズム（国民主義）運動に共感を寄せ、イタリア統一運動（リソルジメント）にも参加した。

1848年にフランスで2月革命が勃発して王政が倒れると、ルイ＝ナポレオンは帰国し、その年の大統領選挙で圧倒的な得票により当選した。フランス初代大統領の誕生である。皇帝ナポレオン3世になったのは、それから4年後のことである。「帝政、それは平和である」と、大統領ルイ＝ナポレオンは、37年前に瓦解した帝国の復活を力強く宣言した。

3世に込められた意味

3世という称号は、伯父ナポレオン1世の子ローマ王が短期間ながら法的に在位したことに配慮し、ナポレオン帝国の継承者であることを誇示するためであった。

だからといって、第2帝政はナポレオン帝国の単純な再生ではない。ナポレオン3世は、伯父の成功と失敗に学びつつ、亡命期間中に独自の政治理念を形成していた。皇帝となり強大な権力を握ったいま、若き日に抱いたウィーン体制の打倒（ナショナリズムに立脚するヨーロッパ再編）や、その中心たるべきフランスの復興という理想を実行に移すときがやって来たのである。

外交においては、伝統的大国主義に立脚するウィーン体制の打破を目指した。同盟外交つまりヨーロッパ協調と国際会議によって、ウィーン体制下のヨーロッパ地図を改変しようとした。

皇帝として政権を掌握すると、英国に接近した。対英協調を強化する重要な画期となったのはクリミア戦争（1853～56年）である。ロシアがオスマン帝国と開戦すると、後者の側に立って英国と共に軍事介入し勝利したのである。

1856年2月に始まるパリ講和会議では、ロシアの南下政策を阻止し、ルーマニア国家成立への布石を打つなど外交的影響力を強めた。60年前後には、イタリアのナショナリズムを抑圧していたオーストリアを倒し、イタリア統一への足がかりをつくった。

こうして新たな欧州外交の立役者となる一方で、アジアやアフリカなど海外進出にも積極的で、フランス史上最大級の植民地が実現した。仏外務省には、17世紀に君臨した国王ルイ14世以来の外交の「栄光」が復活したと歓喜する雰囲気さえあったという。

ところがその栄光の期間は長くは続かなかった。一時的に良好だった対ロ関係がポーランド危機（63年）で冷却すると、ナポレオン3世は対オーストリア関係の改善に舵を切る。ところが、プロイセンとオーストリアの確執が本格化し、ついにプロイセンが圧倒的勝利を収めると（66年サドヴァの戦い）、ドイツ統一の主導権はプロイセンに握られた。

ナポレオン3世は、ドイツのナショナリズムに一定の共感を抱いていたものの、隣国に強大な統一国家が誕生することに脅威を覚えた。ビスマルクの巧みな外交戦術などもあり、ついには70年7月、対独戦争に突入する。

ナポレオン3世は、「抗しがたい高揚の中で、われわれに開戦を命じたのは国民全体である」「戦場を駆けるにはあまりに年を取りすぎている」とは漏らしたが、皇帝である自分が先頭に立って指揮することを決意した。その一方で、戦場に向かう途上、「皇帝万歳！フランス万歳！」の叫びを耳にし、「熱狂はいいことだが、時として非常に滑稽だ」と冷めた視線を持ち合わせていた。

そして同年9月、ナポレオン3世は仏東部スダンにおいて降伏し、第2帝政は呆気なく崩壊した。その体制は、つい4カ月ほど前の人民投票で圧倒的多数により信任されたばかりだった。

複雑な国際関係の中で自国の国益を擁護しながら、自らの理想を目指すのは至難であり、そして何よりもウィーン体制の完全な崩壊を嫌う、英国、ロシア、オーストリアなどとの同盟外交には限界があった。ナポレオン3世の失脚は、ナショナリズムを重視しながら同盟外交（ないし会議外交）を維持することの難しさを示している。

経済発展への寄与

ナポレオン3世は内政でも大きな実績を残した。産業革命を先導した英国に追いつき追い越すために国内産業の発展に力を注いだ。仏全土で道路や鉄道が整備され「交通革命」が実現した。

第2帝政期にパリで2回の万国博覧会が開催されたのは、経済発展を目に見える形で現出しようとしたものであり、その内政的な野心を国民にアピールするものであったことはいうまでもない。パリ万国博覧会は、「ワインの国フランス」のイメージが世界に拡散する機会ともなった。

パリの大改造も特筆される功績だ。当時のパリは人口100万人を超え、ロンドンに次ぐ欧州第2の都市となっていた。亡命時代、ロンドンの整備された街並みに触発されていたことから、パリの大改造計画に着手。道路網や広場、下水道などが整備され、「花の都」パリの礎が築かれた。今日のパリの街並みは、多くをこの時代の都市計画に負っている。

1860年以降は、政治と経済の自由化が推し進められた。自由貿易の推進や出版の自由化、労働者のストライキ権承認など、皇帝独裁下でありながら、自由主義的な改革が展開された。

ナポレオン3世は独仏戦争で捕虜となり、失意のうちに1873年に亡命先の英国で死去した。

第2帝政の後に成立した第3共和政において、ナポレオン3世の体制は徹底的に批判され、これを歴史の闇に葬り去ろうとする動きが主流となった。彼の内政・外交の多くが発展的に継承されていったにもかかわらず、である。

英国への対抗心とも相まって、欧州の中心としてフランスを輝かせることに心血を注いだナポレオン3世は、独創的な発想を遺憾なく発揮し、内政・外交ともに大きな足跡を残したのである。

野村啓介（のむら・けいすけ）

1965年生まれ。九州大学文学部卒業、同大学院修了。博士（文学）。仏ボルドー第3大学に留学。東北大学教授を経て現職。著書に『フランス第二帝制の構造』『ナポレオン四代』など。

【ビスマルク】鉄血宰相による戦争と平和

駒澤大学教授・飯田洋介

「現下の大問題が決せられるのは演説や多数決によってではなく〔中略〕鉄と血によってである」。1862年9月末にこのように演説して世間を騒がせ、後に「鉄血宰相」と呼ばれるようになったのが、プロイセン首相ビスマルク（オットー・フォン・ビスマルク：1815〜1898）である。彼はその後、この演説を地で行くかのように3度の戦争を主導して当時政治的に分裂していたドイツを統一、1871年1月にドイツ帝国を創建した。

はたして彼は最初から「鉄と血」、すなわち戦争によってドイツ統一を目指すナショナリストだったのか。

ユンカーの家系に生まれたビスマルクはプロイセンの君主主義を擁護する超保守的な政治家であり、ドイツ統一ではなく、プロイセンの国益を維持・拡大することを目指していた。ただし、そのためにはイデオロギーや原理原則ではなく、ただ自国の利害に対する冷静な評価によって現実主義的に決定されるべきであり、国益に合致していれば革命勢力やナショナリズム勢力とも手を結ぶことをいとわなかった。「現実政治家（レアルポリティーカー）」と評されるゆえんである。

首相に任命されたのもドイツ統一のためではなく、軍制改革をめぐって国王・政府と議会との対立が深刻化し、国王退位まで取り沙汰されるほどの危機的状況を打開するためであった。先述の「鉄血演説」も本来はそのためのものだったが、その表現のゆえに逆効果となった。

それではなぜ、ビスマルクはドイツ統一に乗り出し、3度の戦争に至ったのか。

1864年のデンマーク戦争はデンマークが係争地シュレースヴィヒを併合する動きを示したのが発端であり、それに伴う状況の変化をビスマルクが巧みに利用した結果であった。しかも彼の狙いはドイツ統一ではなく、北ドイツでのプロイセンの勢力拡大だった。

この点は1866年のプロイセンとオーストリアによる普墺（ふおう）戦争も同様だ。直接的なきっかけはデンマーク戦争の戦後処理に絡む問題であったが、ウィーン体制の下で統一国家に代わって誕生した国家同盟「ドイツ連邦」のあり方をめぐる対立も、この戦争の背景にある。

ただし、このとき彼は「小ドイツ主義」（オーストリアを排除する形でのドイツ統一）を目標に掲げた。同胞オーストリアとの戦争は国内では著しく不人気であり、状況を少しでも改善すべくナショナリズムを利用しようとしたのである。

ところが普墺戦争に勝利すると、国民的悲願であったドイツ統一が実現に向けて動き出したと感じた世論が大きく高揚し、それまで批判的であった「鉄血宰相」を支持するようになった。これを背景にビスマルクは1867年に「北ドイツ連邦」を創設して北ドイツにおけるプロイセンの覇権を確立するも、手段として用いたナショナリズムを御しきれず、ドイツ統一はもはや逃れられない目標となった。

かくして1870年にはスペイン王位継承問題に伴う「エムス電報事件」を機に独

仏戦争へと至り、これに勝利して翌1871年にドイツ帝国を創建、ここにドイツ統一が実現した。

ここから明らかなように、このときのドイツ統一はビスマルクが本来目指していたものではなく、国際政治の視点から見れば力による現状変更を意味するものだった。では、なぜそれが可能だったのか。その理由は、つねに外交的に優位な状況をつくり出した彼の手腕やプロイセン軍の戦術などいくつか挙げられるだろう。ここでは「既存の国際秩序の崩壊」に注目したい。

それまでの国際秩序はウィーン体制と呼ばれるもので、5大国（英・仏・露・墺・普）が「会議」を通じて互いに協調しながら勢力均衡を維持し、大国間の戦争を約40年にわたって回避してきた。だが、1848年革命で体制の生みの親メッテルニヒが失脚し、クリミア戦争で英仏両国がロシアと交戦したために大国間の協調が失われ、ウィーン体制は事実上崩壊した。

その結果、各国は協調して既存の国際秩序を維持するよりも自らの国益を貪欲に追求するようになり、力による現状変更といった国際秩序を乱す動きに対する抑制が利かなくなっていった。ビスマルクに先述のような活動を可能にする余地が生まれたのである。

「急場しのぎ」の国際秩序

かかる経緯で成立したドイツ帝国に対してほかのヨーロッパ諸国が不安と警戒心を抱くのももっともであった。さらにフランスは、敗戦と領土の一部割譲によってドイツに激しい復讐心を抱き、同盟国を見つけてドイツを挟撃する機会をうかがっていた。いかにすれば成立したばかりのドイツ帝国の安全保障を確立できるのか。帝国宰相となったビスマルクは、ドイツにはこれ以上領土を獲得する意思がないことをアピールしつつ、オスマン帝国の領土（バルカン半島）を犠牲にした領土補償を諸大国に対して行うことで、新生ドイツ帝国を含めた新たな勢力均衡に基づく国際秩序を構築しようとした。他方フランスに対しては、1873年にロシア、オーストリア＝ハンガリーと三帝協定を結ぶことでフランスを外交的に孤立させようとしたのである。

また、彼は国際平和の維持にも貢献している。1877年に勃発したロシアとトルコによる露土戦争の講和条約をめぐって列強間で戦争危機が生じると、1878年にベルリン会議を開き、「誠実なる仲買人」として列強間の利害を調整した結果、戦争回避に成功した。

だが、事態はビスマルクの思惑どおりにはいかなかった。ロシアがベルリン会議の結果に強い不満を抱き、三帝協定が崩壊してしまったのである。そこで彼は「急場しのぎ」で同盟政策に着手した。その結果、紆余曲折を経て1887年にはドイツを中心とした複雑な同盟網ができ上がったのである。そこではあの英国を巻き込み、フランスを外交的に孤立させることに成功した。

■ ビスマルク外交による同盟網

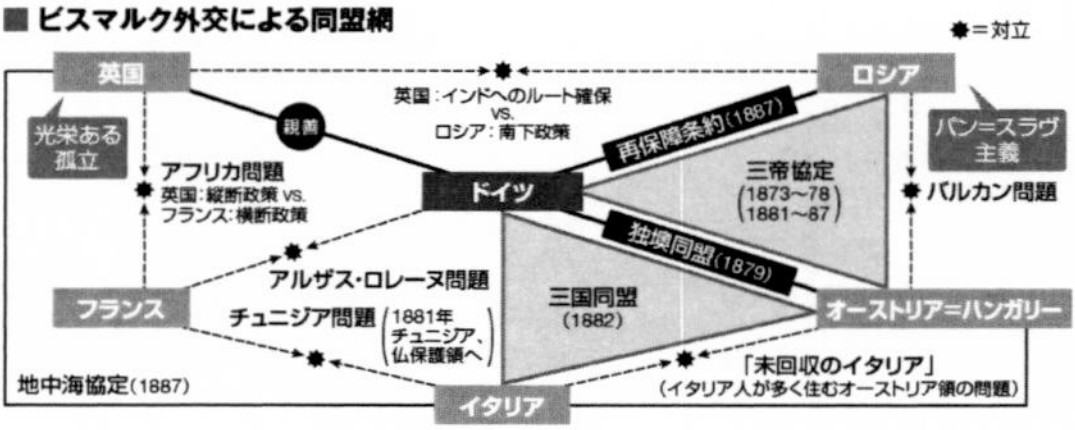

このように「ビスマルク体制」と呼ばれる国際秩序は、彼が最初から企図して入念に築いたものではなく、「急場しのぎ」の産物であったがゆえに、秘密同盟や協定が複雑に入り組んでしまい、実際に戦争が生じた場合にはうまく機能するのかという問題を抱えていた。だがそれは、いかにして戦争を起こさせないかという抑止の論理で構築されたものであり、事実ドイツを巻き込む大国間の戦争は起こらず平和は維持された。

だが、彼の後継者たちはこの点を十分に理解していなかった。実際に戦争が起こった場合を想定して彼らなりに調整しようとした結果、同盟網を維持できず、かえって外交的に苦境に陥り、世界大戦への道を歩んでしまうのであった。

飯田洋介（いいだ・ようすけ）
1977年生まれ。早稲田大学大学院文学研究科博士後期課程修了。博士（文学）。岡山大学大学院准教授などを経る。著書に『ビスマルク』『ビスマルクと大英帝国』など。

収容所送りは1800万人

【スターリン】冷酷な独裁者の光と影

慶応大学名誉教授・横手慎二

スターリンの本名はヨシフ・ジュガシヴィリといい、通常は1879年生まれとされているが、生地のジョージア（グルジア）の教会に保管された記録によれば、実際には1878年に生まれた（～1953年）。スターリンという偽名はロシア語で鋼鉄の人といった意味を持つが、革命家として地下活動をしていた時期に、おそらくは不屈の革命家になることを志して使い始めたものである。

1920年代の半ばまで、スターリンはソ連共産党内の政策論争にほとんど関与せず、もっぱら党組織の管理運営に関わっていたので、右派にも左派にも属さない中庸の人と目されていた。しかし20年代末に農業集団化が始まると、この評価は一変した。右派の指導者が主張していた農民との協調による経済発展策を退け、急進的傾向を持つ党員を使って農民をコルホーズ（集団農場）に組織し、そこから大量の穀物を調達する政策を推し進めた。

農民から穀物を収奪する集団化は、当然ながら激しい抵抗を招いたが、逡巡しなかった。資料によれば、30年から32年までの間だけで数十万人の農民が銃殺されたり収容所に送られたりした。そればかりか数百万人の農民とその家族が農村から追放された。

工業化を急いだ20年代末

この政策転換が生み出した犠牲者はそれだけではなかった。農民の反抗とそれに対する当局の弾圧、さらには天候不順が重なって、1932年から翌年までにウクライナなど穀物生産地域で500万人から700万人の農民が餓死した。さらに数十万の人々が収容所や牢獄に送られた。最終的に収容所や牢獄に幽閉されたのは、29年からスターリンが死ぬ53年までの間に1800万人に上った。

なぜ20年代末にスターリンはこうした急激な政策転換を行ったのか。彼の考えは推測するしかないが、その言動からみて2つの理由が考えられる。

第1に、20年代の政策を通じてしだいに農民が力を蓄え、市場に穀物を出さなくなり、工業化を困難にしていたという事情があった。さらにフランス革命の先例からみて、農民はやがては反革命を支持すると考えられていた。こうしたことから、強引に集団化を推進したという見方である。

第2は当時の国際環境に求めるものである。スターリンは、この時期にソ連が資本主義国によって包囲され危険な状況にあると意識するようになり、急ぎ工業化して軍事力を増す必要があると考えた。実際、28年以降、資本主義国との戦いが迫っており、それに備える必要があると繰り返し説いていた。集団化と5カ年計画はこうした認識から生まれたというのである。

いずれにせよ、この時期にソ連は急激に変貌していった。この過程で農村地域は荒廃し、農業生産は第2次世界大戦の前まで20年代の生産量を回復しなかったが、その代わりに、ダムができ、鉄道や工場が建設されていった。

比喩的にいえば、昨日まで農村にいた人々が、今日は土木事業や工場建設に従事するようになり、さらに急造の工場で働き始めたのである。そのために必要な技術と機械類は米国やドイツから輸入された。猛烈なインフレが進行したために正確な数値はわからないものの、多くの研究者は、1928年からの5年間に工業生産は年率17%の勢いで成長したとみている。

これに対して穀物の生産は低迷し、食品工業や軽工業の発達は軽視された。このため人々は長い間、粗衣粗食の生活で我慢しなければならなかった。しかしスターリンは輝かしい未来が来ると説き、また強権によって人々の不満を抑えつけ、資本と労働力を重工業部門に集中し続けた。

その結果、例えばウラル地域で発見されていた鉄鉱床の近くに一大冶金コンビナートが建設され、国内屈指の製鉄業が生み出された。また古くから石炭の産地として知られる西シベリアのクズネツク炭田が拡張され、シベリア最大の重工業地帯へと発展した。

粛清に次ぐ粛清

急激な社会変化と高まる国際緊張は国内に不穏な情勢を生み出した。1930年代半ば以降に行われた粛清は、「危険分子」を追い落とすためにほとんどが捏造された証拠を基に行われたといわれる。ロシア革命までレーニンの第1副官と呼ばれたジノヴィエフは36年に銃殺され、党内きっての理論家と評されたブハーリンも38年に処刑された。また、トハチェフスキーをはじめとする赤軍の幹部たちも反ソ組織に加わっていたという濡れ衣を着せられて37年に銃殺された。スターリンはこうして空いたポストにソ連時代に育ってきた人々を次々に抜擢して据え、それとともに独裁体制を揺るぎないものにしていった。

以上のごとく、第2次大戦までにスターリンは冷酷な指導者としてその地位を確立したが、それがすべてではなかった。第2次大戦の独ソ戦の中で、ソ連はますます革命国家の色彩を薄めて伝統的な国家へと変貌し、その中でスターリンはツァーリ（皇帝）のような支配者になった。

このような変化を生み出した第1の要因は、いうまでもなく、彼自身がドイツとの死闘に全身全霊を傾けて対処したことであった。危機が迫るモスクワにとどまり続け、全軍に一歩も退くなと厳命した。ソ連軍は多大な犠牲者を出しながら戦い、勝利をもたらした。

第2に、社会主義革命で生み出された国家の指導者であるにもかかわらず、進んで愛国心に訴えた。例えば、帝政時代の著名な将軍たちを称揚し、それまでの国歌である「インターナショナル」を党歌に変え、ナショナリズムを盛り込んだ国歌を新たに制定した。こうした措置は国民の間にかつてない団結を生み出した。

さらに第3の要因があった。戦争が長引いても、ウラルやシベリアに建設された工場が休むことなく兵器を生産し続けたのである。スターリンが強引に発展させた重化学工業がその真価を発揮し、国民は戦前の彼の政治指導が適切であったと考えるようになった。

こうして、戦争が終わったときスターリンは英邁（えいまい）な指導者として国民の敬愛を一身に集める存在となった。ソ連は米国と並ぶ超大国になっていた。それとともに集団化や粛清のつらい記憶は言及されなくなり、家庭でひそかに語られる歴史と学校で習う歴史の間に明白な乖離が生じた。それぱかりではなく、重工業と軍需産業偏重の経済構造は残り続け、国民は劣悪な生活条件を強いられた。治安機関を多用した抑圧的統治スタイルも死ぬまで変わることがなかった。

1953年に死去すると、さすがにこうした社会経済構造を変える動きが生じた。改革の動きはまず50年代にフルシチョフによって試みられ、次に80年代にゴルバチョフによって再開された。しかし、いずれも途中で頓挫した。

20世紀末になってプーチンが登場すると、ゴルバチョフ改革によってソ連崩壊が起きたことを悲劇とみる声が公然と出てきた。それとともにロシア国民のスターリン評価は再度変化し、肯定的文脈で捉える者が増大してきたのである。

横手慎二（よこて・しんじ）
1950年生まれ。専門はロシア政治外交史。慶応大学でロシア政治、ロシア外交を教えた。著書に『日露戦争史』『スターリン』『現代ロシア政治入門』など。

【第1次世界大戦】戦争は国家総力戦の時代に

東京大学名誉教授・木村靖二

1914年6月、オーストリア帝国領のボスニアを視察中の帝国皇位継承者夫妻は、隣国セルビアから来たスラブ民族主義者に暗殺された。バルカン半島は複雑な民族構成のため争いが絶えず、「欧州の火薬庫」といわれていたが、とくにスラブ系民族のセルビアは、オーストリア国内のセルビア系民族との合体を要求して対立していた。

暗殺に抗議してオーストリアが同盟国ドイツの了解の下にセルビアへの軍事的懲罰行動に出ると、スラブ系民族の盟主を自任するロシアはセルビア支援のため総動員令を発令した。総動員令は事実上の宣戦布告であった。ドイツが対抗して総動員令を布告し、ロシアの同盟国フランスに侵攻すると、フランスを支持して英国も参戦した。

こうして、バルカン半島でのオーストリアとセルビアの地域戦争のはずが、瞬く間にヨーロッパ戦争に発展した。100年前のウィーン会議（1814～15年）での列強は連携して大規模戦争を防止するとの合意は破られた。

さらに英国の海外自治領カナダ、オーストラリア、ニュージーランドなども英国に軍を派遣した。14年8月、日本が日英同盟を根拠にドイツに宣戦し、ついには世界大戦に発展した。

当時の列強すべてにこの時点で戦争の意図があったのではない。しかしロシアはともかく、ドイツ、フランス、英国には、植民地再分配要求など当時列強間で対立していた厄介な問題の解決に戦争を利用できるのではないかとの期待があった。

もっとも、彼らの想定する戦争は19世紀の戦争観に基づくもので、短期間の決戦で決着がつくはずの戦争であった。こうした戦争観は広く浸透しており、参戦国の兵士や国民も「クリスマスまでには戦争は終わる」と信じていた。

その場しのぎの対応

徴兵制がなく志願兵で構成される英国を除けば、参戦国は動員できる兵員をすべて召集して戦場に投入した。開戦時にはどの国の軍もまだ鉄兜を知らなかったので、兵士は軍帽に小銃と銃剣、重い背嚢（はいのう）といういでたちで、密集した隊列を組み敵陣に突撃を繰り返す戦術が一般的であった。

欧州の中心部の戦いは、1870~71年の独仏戦争が最後であり、その後50年間で武器、とくに大砲や機関銃などの急速な改良が進んでいたが、保守的な軍部はそれを用兵や訓練に反映させなかった。そのため初期の段階で惨憺（さんたん）たる結果をもたらした。4年以上続いた大戦において、死者1000万人のうち、緒戦である14年末までの5カ月間の犠牲者が最も多かった。

独仏国境沿いの西部戦線では、両陣営の犠牲者は戦死・戦傷・捕虜合わせてほぼ160万人に達した。しかも参戦国が備蓄していた砲弾は2カ月足らずで消耗し尽くされ、「砲弾の危機」と呼ばれる状況になった。増産要請にもかかわらず、原料調達や生産工場の増設、熟練労働者の確保などが進まず、前線では残弾を数えながら作戦を考える状況となった。砲弾だけでなく、武器や弾薬、軍需品一般も不足し始めた。

さらに鉄兜をはじめ、飛行機や毒ガスなど新たな兵器の生産も必要になった。近代戦は大量生産・大量消費となることが明らかになった。

参戦国は短期戦を想定していたから、長期戦の準備や増産計画もなく、その場しのぎの対応で乗り切るほかなかった。ともかくも戦時経済体制が機能してきたのは戦争後半になってからであった。

すでに開戦直後から英国の海上封鎖でドイツは海外との通商ルートを遮断されたため、海外からの輸出入はほぼ不可能になったし、東部戦線ではオーストリアやロシアの農業地帯が主な戦場となったため農業生産が減少し、東欧地域では飢餓が広がった。

第1次世界大戦中の欧州

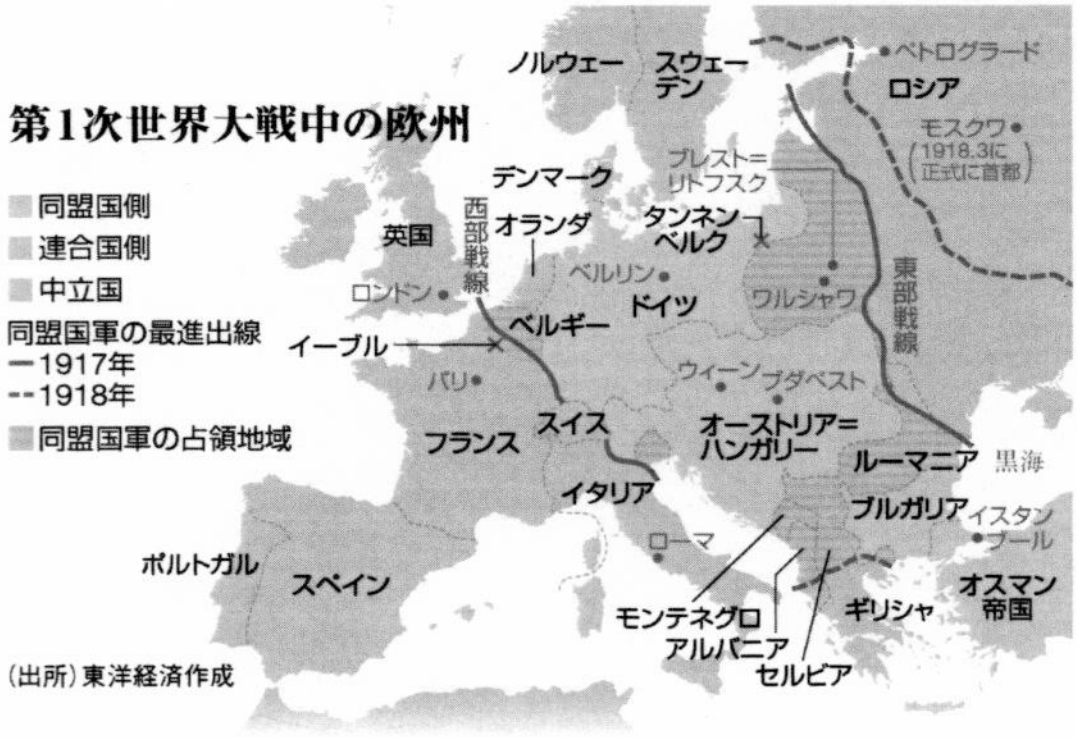
同盟国側
連合国側
中立国
同盟国軍の最進出線
1917年
1918年
同盟国軍の占領地域
ノルウェー
スウェーデン
ペトログラード
ロシア
モスクワ
（1918.3に正式に首都）
ブレスト＝リトフスク
デンマーク
英国
西部戦線
オランダ
タンネンベルク
ベルリン
ロンドン
ワルシャワ
東部戦線
ドイツ
ベルギー
イーブル
ウィーン
ブダペスト
パリ
スイス
オーストリア＝ハンガリー
フランス
ルーマニア
黒海
イタリア
ブルガリア
イスタンブール
ローマ
ポルトガル
スペイン
オスマン帝国
モンテネグロ
ギリシャ
アルバニア
セルビア
（出所）東洋経済作成

統制経済と政治の復権

開戦後の主役は戦争を指揮する軍指導者であった。しかし戦時経済体制の重要性が認識されて、国民の協力や同意が不可欠になると、皇帝・国王や貴族ではなく国民に直接働きかけ、国民の協力を得られる政治家の役割が注目されるようになった。

求められたのは、戦時経済を組織し増産に協力する経営者、現場で増産を担う工業労働者の要望に耳を傾ける労働組合指導者、農作業に従事する農民の生活の現状を理解する農村の専門家など、これまで公的役割を期待されなかった社会層の提言や指摘であった。参戦国の政治指導者の多くが大戦後半になって登場するのも、そのためであった。

大戦は結果として民主化効果をもたらしたといわれるのは、大戦による政治や社会の大きな変動を指している。

政治的・社会的主役の交代を促すことになった1人が、米大統領ウィルソンであった。米国は大戦前半は中立の立場を守り、英国やフランスへの財政・経済面での支援にとどまっていたが、17年に入ると独潜水艦の攻撃で、客船を利用する米国人の犠牲が増えたことからドイツに宣戦した。米国は物資や財政で援助を行い、米国軍は西部戦線に就いた。

それ以上に重要なのは、ウィルソンが示した14カ条の講和原則であった。それは単に戦争を終結させることを目的とするものではなく、平和は勝者がいない平和でなければならず、大戦終結後は将来の戦争を防止する国際機構を創設する必要があることを説いていた。参戦国が領土配分問題や相手側への懲罰に固執していたのとは対照的で、国際社会に大きな感銘を与えた。自陣営の勝利を前提にしていた英・仏、ドイツ双方とも14カ条には懐疑的であったが、代案を提示できなかった。

1918年夏に勝利の展望がなくなり、同盟国も脱落して追い詰められたドイツは、ついに休戦・講和交渉を受け入れるほかなくなった。とはいえ、ドイツが休戦・講和を申し出た相手は英・仏などの連合国ではない。スイスを仲介にして米国のウィルソンに直接申し出たのだ。14カ条には、英・仏とも受け入れられない条項が含まれていて、ドイツは連合国側の一方的勝利を受け入れたくなかったのである。英・仏も国際社会の強い願望に支えられた14カ条を拒否できず、不満ながらも14カ条を原則とする休戦を認めた。こうして18年11月11日、休戦協定は調印された。

翌年成立したヴェルサイユ講和条約では、講和会議での英・仏などの巻き返しで、14カ条はかなり修正された。それでもそこに示されたウイルソンの構想は現在まであるべき目標であり続けている。

第1次世界大戦は、19世紀的近代ヨーロッパの多民族帝国を解体させたばかりでなく、国民主権国家（民主国家）を国際社会の主役にし、さらに米国を現代的グローバル世界の中心に押し上げた。もちろんこの変容はスムーズに進んだわけではないが、大戦以前の社会に戻ることはなかった。第1次世界大戦はその意味で近代から現代への大きな転換点となった。

木村靖二（きむら・せいじ）
1943年生まれ。専門は西洋近現代史、ドイツ史。著書に『兵士の革命－1918年ドイツ』『第一次世界大戦』など。『詳説世界史』など高校教科書の編集・執筆も。

【独ソ戦】妥協なき「世界観」戦争

現代史家・大木　毅

1941年6月22日、ナチス・ドイツとその同盟国の軍隊およそ330万は、バルト海から黒海に至る長大な戦線（約3000キロメートル）でソ連に攻め入った。「バルバロッサ」作戦、そして史上最大の陸上戦である独ソ戦が開始されたのである。

ドイツ軍の進撃はめざましく、各地でソ連軍を包囲撃滅しつつ、ミンスク、スモレンスクなどの要衝を占領し、北では革命の聖都であるレニングラード（現サンクトペテルブルク）に迫った。41年8月から9月にかけてはウクライナで機動戦を展開、キーウ（キエフ）方面の防衛に当たっていたソ連軍45万余を殲滅した。

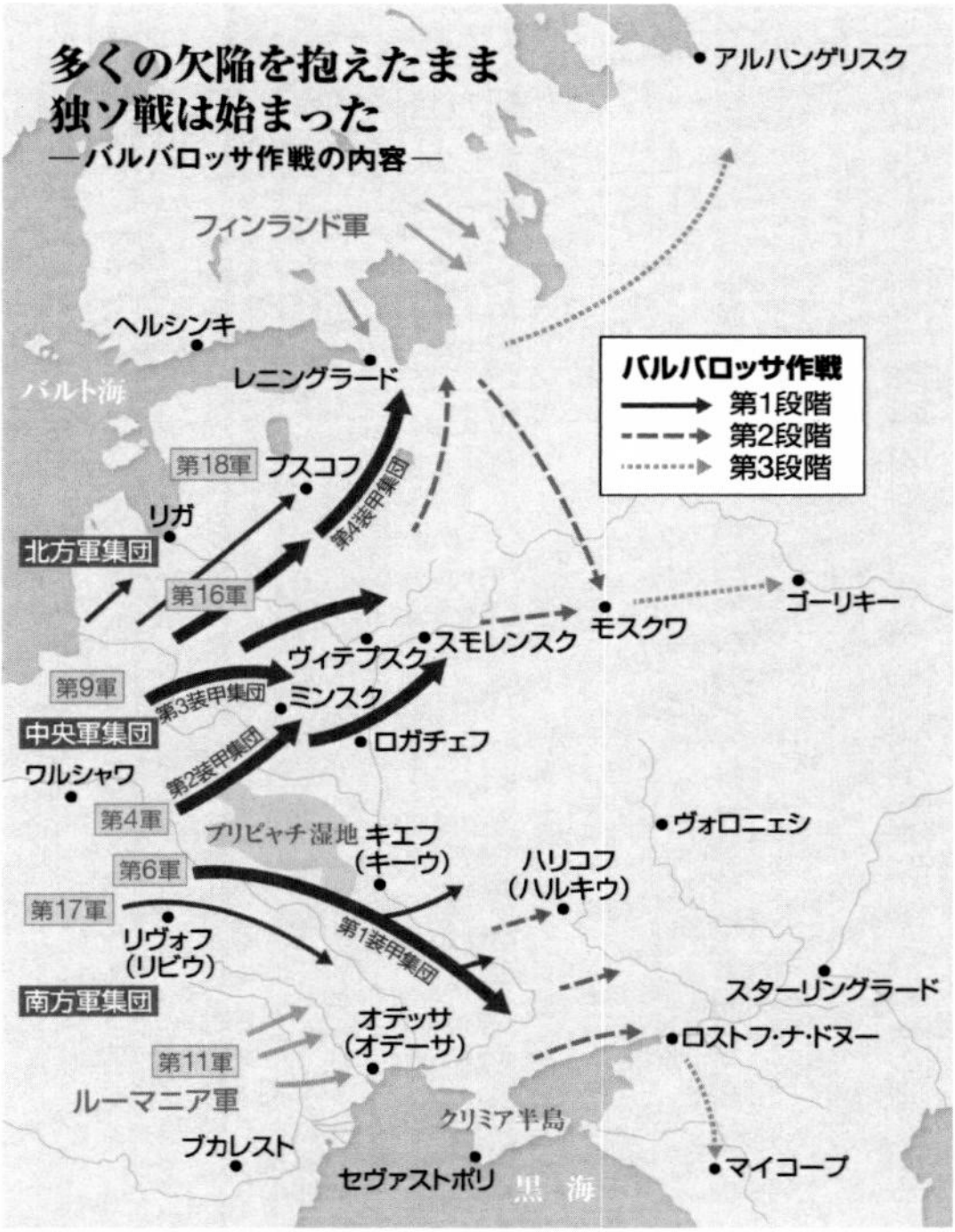
多くの欠陥を抱えたまま
独ソ戦は始まった
―バルバロッサ作戦の内容―
アルハンゲリスク
フィンランド軍
ヘルシンキ
バルト海
レニングラード
バルバロッサ作戦
第1段階
第2段階
第3段階
第18軍
プスコフ
第4装甲集団
リガ
北方軍集団
第16軍
ゴーリキー
モスクワ
ヴィテプスク
スモレンスク
第9軍
第3装甲集団
ミンスク
中央軍集団
ロガチェフ
第2装甲集団
ワルシャワ
第4軍
プリピャチ湿地
キエフ
(キーウ)
ヴォロニェシ
第6軍
ハリコフ
(ハルキウ)
第17軍
リヴォフ
(リビウ)
第1装甲集団
スターリングラード
南方軍集団
オデッサ
(オデーサ)
ロストフ・ナ・ドヌー
第11軍
ルーマニア軍
クリミア半島
ブカレスト
セヴァストポリ
黒海
マイコープ
(出所)リーチ『独軍ソ連侵攻』収録図を基に筆者作成

複合戦争としての独ソ戦

こうした経緯からすれば、ドイツ軍は「電撃戦」と喧伝された、極めて短期間に勝敗を決するような戦争、すなわち通常の戦争を企図していたようにみえる。

事実、ドイツ総統アドルフ・ヒトラーは、将軍たちや政府首脳に、ソ連の打倒は英国の継戦意志をくじくという戦略目標があると説明していた。フランスが降伏した（40年6月）のちもなお、英国が執拗に抵抗するのは、たとえ独ソ不可侵条約が結ばれていたとしても、いずれはソ連がドイツの背後を突いてくれるだろうと期待しているからだ。であるならば、その希望であるソ連を屈服させれば、英国もあきらめて講和に応じるはずだというのが、ヒトラーの論理であった。

しかし、ヒトラーには、より重要な戦争目的があった。彼は、人種主義にもとづき、ソ連を征服、同国の諸民族を絶滅、もしくは奴隷化して、ドイツ人を入植させ、巨大な東方植民地帝国を築くことを生涯の政治目標としていたといわれる。かかる構想からすれば、対ソ戦は、倒すか倒されるかの妥協のない「世界観戦争」であり、軍事的勝利のみならず、ソ連国民の物理的な抹殺をも図る「絶滅戦争」とならざるをえない。

加えて、ヒトラーが政権を掌握して以降、ドイツは「大砲もバターも」の経済政策を取っていた。「大砲」、つまり軍拡と同時に、民需や高い生活水準の維持といった「バター」をも追求したのである。第1次世界大戦でドイツが総力戦を行い、国民に多大な負担を強いた結果、革命が生起し、敗戦に至ったのだと認識するヒトラーとナチス首脳部には、国民を満足させ、体制への支持を確保することは、戦争に乗り出すために必須の条件なのであった。

ところが、資源に乏しいドイツがそうした二兎を追う経済政策を進めるのはもとより無理なことであった。それでもヒトラーは他国の征服とそこからの収奪によって、不足を賄おうとした。かくて、自転車操業的な戦争と領土拡張が不可欠となる。そのような経済構造を持つドイツにとっては、資源豊かなソ連に「収奪戦争」を仕掛けることは、いわば必然であった。

独ソ戦は、かくのごとき3つの戦争、「通常戦争」「世界観戦争（絶滅戦争）」「収奪戦争」が重なった複合戦争だったのである。

絶滅戦争vs.大祖国戦争

緒戦では破竹の勢いを示したドイツ軍であったが、戦力の消耗や補給態勢の破綻を来し、1941年末のモスクワ攻防戦などでソ連軍の反攻を受け、短期戦のもくろみはついえてしまう。そうして「通常戦争」が退勢になるにつれ、軍事的合理性を保った戦争指導は鳴りをひそめ、「絶滅戦争」の諸要素が前面に出てくるようになった。現地住民を餓死させることもためらわぬ組織的な収奪計画が実行に移される。

捕虜となったソ連軍将兵は劣悪な条件下で強制労働に駆り出され、衰弱死を強いられていく。ナチスの用語でいう「劣等人種（ウンターメンシュ）」の絶滅が、重要な戦争目的としてクローズアップされてきたのである。

そうした「絶滅戦争」を最もよく象徴していたのは、ナチス親衛隊の下に編成された「出動部隊（アインザッツグルッペ）」であったろう。「出動部隊」は、敵地に侵攻する軍に後続し、ナチスにとっての敵とみなされた分子を抹殺してまわったのである。

彼らに殺害された人々の総数は、その膨大さゆえに今日なお確定されていないが、少なくとも90万人におよぶだろうと推定されている。

かかる「絶滅戦争」に対し、ソ連側もイデオロギーを動員した。ナポレオンの侵攻（1812年）に抗した「祖国戦争」になぞらえ、ドイツとの戦争は国家の存亡が懸かった「大祖国戦争」であると規定し、共産主義とナショナリズムを結合することによる国民統合と動員を図ったのである。その結果は凄惨をきわめた。ドイツ人は交戦相手ではなく「滅ぼされるべき悪」とみなされたため、捕虜の虐待をはじめとする、さまざまな残虐行為がなされ、しかも正当化されていったのだ。

妥協なき闘争の果て

1942年、ドイツ軍は、コーカサスの油田など南部ロシアの資源地帯占領を目的とする「青号」作戦を発動した。しかし、スターリングラード（現ヴォルゴグラード）攻略に拘泥したヒトラーのミスもあり、攻勢は決定的な成果を上げられなかった。

スターリングラード攻略に当たっていたドイツ第6軍は逆包囲され、43年初頭に降伏した。ドイツは、ソ連を屈服させるだけの戦略的打撃力を失ったのだ。

しかし、ドイツ軍は43年夏に、クルスク方面に形成された戦線突出部を攻撃し（「城塞」作戦）、ソ連軍に打撃を与えようと試みた。だが、ソ連軍は、このクルスク会戦中に多正面で攻勢を発動、ドイツ軍の企図を挫折させた。

以後、ソ連軍の連続攻勢によりドイツ軍は大打撃を受け、その敗北は誰の目にもあきらかになった。44年には、ソ連軍はその国土から侵略者を駆逐し、ドイツ本国をうかがう勢いをみせる。

にもかかわらず、ヒトラーは和平による戦争終結を認めようとはしなかった。彼にとって、対ソ戦は倒すか倒されるかの「世界観戦争」であり、妥協で終わらせるわけにはいかなかったのである。

こうした敵に対するソ連軍の戦いぶりも無慈悲なものとなった。ドイツ領内に進撃したソ連軍の将兵は暴行や略奪を繰り返し、この世の地獄を現出せしめた。

それでもヒトラーは戦争継続を叫び続け、それはベルリン陥落と彼の自殺まで続く。かくて独ソ戦は史上空前の惨戦となったのである。

その総決算は衝撃的な数字を示した。ソ連側の死者は軍民合わせて２７００万人とされる。ドイツ側は戦闘員４４４万ないし５３１万８０００人を失い、民間人の被害も１５０万ないし３００万人におよぶと推計されている（ただし、対ソ戦以外の損害も含む）。

大木　毅（おおき・たけし）
１９６１年生まれ。立教大学大学院博士後期課程単位取得退学。ドイツ現代史、国際政治史が専門。『独ソ戦』『「砂漠の狐」ロンメル』『ドイツ軍事史』など著書・訳書多数。

「東側の盟主」はなぜ滅んだか

【ソ連】社会主義国家の教訓

北海学園大学教授・松戸清裕

20世紀前半の二度の世界大戦を経て、後半の世界は、東西両陣営の「冷たい戦争」を40年ほど経験することになった。

冷戦期には局地的な「熱い戦争」も起こっており、核戦争が勃発するおそれもあったが、両陣営とも全面戦争は避けようとした。その結果、冷戦状態ではあっても、「平和共存」や「デタント（緊張緩和）」として知られる時期もあった。

「平和共存」は「平和競争」でもあり、東西両陣営は経済、政治、文化などの分野で体制間競争を繰り広げていた。

経済においては、「社会主義計画経済体制」と「資本主義市場経済体制」の競争だった。両陣営は、経済力、生産力・生産性、軍事を含む科学技術の開発と実用化などの面で、その優位性を国内外の人々に示そうとした。

政治においては、この競争は2つの民主主義の競争、すなわち「社会主義的民主主義」と「自由主義的民主主義」の競争だった。

この競争で西側は「自由主義陣営」を称し、東側の「独裁」や「抑圧」に対抗すると主張した。

西側のこの主張には欺瞞もあったが、全体として見れば、西側のほうがより自由な体制であり、東側のほうがより抑圧的な体制だったことは確かである。

さらに、社会主義的民主主義は自由主義を否定する「非自由主義的民主主義」だったので、西側の「自由主義」と東側の「非自由主義」の競争だったという点では西側の主張は正しかった。

しかし、社会主義的民主主義もまた「民主主義」だった。東側の盟主ソビエト連邦は、ソ連の社会主義的民主主義こそが「真の民主主義」だと主張してさえいた。そして、この主張には根拠がまったくなかったわけではない。

社会主義的民主主義は、「人民の統治」を実現するために人々の参加を重視した。このためソ連の政権は、人々が代議員や自発的な活動家として国家と社会の運営に参加するよう働きかけた。民意を重視し、手紙と面会による人々の提案・訴え・苦情に対応するよう国家機関等に義務づけることもした。

その一方で、ソ連の民主主義においては、自由よりも平等が、個人の利益よりも社会と国家の利益が重視され、個人の自由や人権、多様性が制限された。民主主義の名の下に自由が制限され、抑圧さえも正当化されたのである。

社会主義体制の魅力

「平和競争」の結果としては、社会主義計画経済は資本主義市場経済に敗れ、社会主義的民主主義は自由主義的民主主義に敗れた。

しかし、1960年代半ばまでは、理念と実績によって社会主義体制は世界的な影響力を持ち、人々を引きつけていた。

61年10月に開かれたソ連共産党第22回大会で党第一書記フルシチョフは次のように述べていた。

「真の自由と幸福の基準となるのは、次のような社会制度である。それは、人間を搾取の抑圧から解放し、その人に広範な民主主義的諸権利を与え、立派な環境で暮らす可能性を保障し、明日への確信をその人に与え、個人の能力と才能を発揮させ、その人の労働が社会全体のためになっているのだという自覚を強める社会制度である。まさに社会主義こそがそういう社会制度である」

この言葉どおりの社会制度が当時のソ連で実現していたわけではない。56年のスターリン批判とハンガリーへの軍事介入によって、ソ連という「社会主義国家」の評価は国際的に大きく損なわれた。ソ連国内でも体制への疑問を強めた人々がいた。

それでもフルシチョフがあのように述べた61年10月という時期は、ソ連が戦後復興を果たして急速な経済発展を遂げていた時期だった。いずれも史上初となる人工衛星スプートニクの打ち上げ成功（57年10月）と、ガガーリンによる有人宇宙飛行の成功（61年4月）に代表されるように、ソ連の科学技術の成果は全世界に誇示されていた。

ソ連という国家と社会主義体制は、さまざまな問題が指摘されながらも、国内外でなおも大きな魅力を持ち続けていたのである。

ノーベル文学賞を受けたスヴェトラーナ・アレクシエーヴィチは、ソ連消滅後に行ったソ連での暮らしについての多くの聞き取りの中で、「父は、自分自身が共産主義を信じるようになったのは、ガガーリンの宇宙飛行のあとだったと、思いだしていた。われわれがいちばん乗りだ！　われわれはなんでもできる！　父と母はわたしたちをそのように育ててくれた」との語りや、「これまでずっと信じて生きてきたんです。わたしたちは世界一しあわせで、みたこともないすばらしい国に生まれたんだって。こんな国はほかにないんだって。……あしたはきょうよりもよくなる、あさってはもっともっとよくなるって、わたしたちは信じていた。わたしたちには未来があった。そして過去も。わたしたちにはすべてがあったのです！　わたしたちは愛していた。祖国を、最高の祖国を、かぎりなく愛していたんです」との語りを記録している（松本妙子訳『セカンドハンドの時代』）。

ソ連の敗北と消滅

ソ連は1970年代後半くらいまで宇宙開発や軍事面で米国との競争を続けることができたが、すでにソ連経済は停滞に陥っていた。85年にソ連共産党書記長に就任したゴルバチョフは停滞への危機感を示し、ペレストロイカ（建て直し）を訴えたが、社会主義計画経済が競争に敗れたことは明らかだった。

ペレストロイカの過程でソ連は、市場経済化を目指すことになり、政治的にも共産党の一党支配が放棄されて自由主義的民主主義へと向かうように見えた。

しかし、経済の困難、国際的地位の低下、連邦を構成する共和国との対立などもあって、体制転換の道は険しかった。変革にあらがう「保守派」が起こしたクーデターは失敗に終わり（91年8月）、かえってソ連の命脈を絶つ結果となった。

91年12月末にソ連は、連邦を構成していた15の共和国によって解体される形で消滅した。

ペレストロイカの試みも、独立後の15カ国におよぶ体制転換の取り組みも「民主化」と呼ばれたが、それまでのソ連のあり方からすれば、「資本主義化」と「自由主義化」が目指されたというほうが適切である。「社会主義計画経済の資本主義市場経済化」と「社会主義的民主主義の自由主義的民主主義化」が目指されたのである。

しかし、15カ国のうち、バルト3国が資本主義化と自由主義化を実現してEU（欧州連合）にも加盟したのに対し、ロシアを含むいくつかの国は「権威主義化」したといわれ、民主主義とは異なる体制と理解されることが多い。

確かに、権威主義と呼ばれる体制は抑圧的であり、自由主義的民主主義とはいいがたい。しかし、権威主義の統治も、男女普通選挙をはじめとする民主主義の諸制度に支えられているのであり、非自由主義的ではあるが、これもまた民主主義なのだということもできる。

ソ連の歴史と現在の権威主義体制が示すのは、民主主義は自由の制限や抑圧の正当化にも役立つということであり、個人の自由や人権、多様性を尊重し保障するためには民主主義だけでなく自由主義も欠かせないということである。

そして、おそらくは個人の自由と人権を尊重しようとしない民主主義は容易に非自由主義的民主主義へと転じ、権威主義化し、抑圧にさえつながることだろう。

松戸清裕（まつど・きよひろ）

1967年生まれ。東大文学部卒、同大学院博士課程単位取得退学。2009年から現職。著書に『ソ連という実験　国家が管理する民主主義は可能か』『ソ連史』『歴史のなかのソ連』。

ソビエト連邦小史

1917年	ロシア革命
22	**ソビエト連邦成立**
45	第2次世界大戦でドイツに勝利
49	東西ドイツの成立
53	スターリンが死去
56	フルシチョフによるスターリン批判
85	ゴルバチョフが書記長に就任
91	**ソビエト連邦解体**

欧州を支配した王家の盛衰

関東学院大学教授・君塚直隆

地中海全域はもとより、現在でいう中東からイベリア半島、英国北部にまでその領土が広がる古代ローマ帝国が崩壊したのち、その西半分に当たる今日の西欧の全土を支配するような帝国は登場しなかった。唯一それに近い領域を掌握したのが、フランク王国のカール大帝（在位768〜814年）であったが、彼の死後に王国は3つに分裂していく。

中世欧州社会は、精神的にはローマ教皇庁を頂点とするキリスト教で結ばれていたが、政治的には個々の領主が独立した権限を備えるさまざまな形態の「国家」へと分かれていった。

そのような中、16世紀前半に登場したのが、ハプスブルク家の当主で神聖ローマ皇帝に即位したカール5世（在位1519〜56年）である。彼は両親双方からの相続の関係で、実に70もの領域を支配する西欧最大の領主となった。北方ルネサンスを築いたブルゴーニュ公国やラテンアメリカに領土を拡大していたスペイン、さらに南イタリアやボヘミアなど、まさに広大な帝国であった。

カールの側近は、皇帝は神から選ばれた君主であり、「普遍君主国（ユニバーサルモナーキー）」をこの世に築くべきであると進言した。すなわち、彼の支配下で欧州を1つにまとめてしまおうというわけである。

「勢力均衡」概念の登場

これに色めき立ったのが周辺諸国であった。それまで宗教のうえでの「普遍性」を訴え、世俗の王侯より上位にいたローマ教皇庁が、十字軍の失敗や教会大分裂、さらにカールが皇帝に即位する直前に始まったルターの宗教改革などにより、その権威を弱めていた折だった。そのような中で、今度は現実政治の世界で「普遍性」を強調して諸侯の上に立とうという存在が登場してきたのだから、たまったものではない。

相次ぐ宗教戦争や宿敵フランスからの横やり、さらには東方からの強大なオスマン帝国の侵攻に、カールはついに「普遍君主国」を築くことは断念せざるをえなくなる。

このときこそが、1つの強大国(現在の言葉を使えば覇権国)に支配されることを嫌い、こうした勢力が登場しそうになると周辺諸国でこれをたたく「勢力均衡(バランス・オブ・パワー)」という、これ以後の欧州に特徴的な概念が現れた瞬間であった。

その後も欧州は「勢力均衡」を基盤に、野心家の王侯らが普遍的な帝国を築こうとするとそれを阻止しようとする歴史を何度も繰り返していく。それは俗に「長い18世紀」(1688〜1815年)と呼ばれる欧州全体を大戦争が襲った時代に、とくに顕著に見られた現象であった。

カール5世の玄孫(やしゃご)に当たるフランス絶対王政最盛期の王・ルイ14世(在位1643〜1715年)は、その領土をライン川へと急速に拡大し、ドイツの王侯らに恐怖心を与えた。最後の宗教戦争とも呼ばれた「三十年戦争」(1618〜48年)の後の欧州では、西でフランス、北でスウェーデンが強大化し、周辺の国々は勢力の均衡を図ろうとこの両国を包囲していく。

とくにルイ14世が自らの孫をスペイン王に据え、かつ彼のフランス王位継承権も復活させるや、周辺諸国はルイが「普遍君主国」を築こうとしていると警戒した。そのあまり、スペイン継承戦争（1701〜14年）が勃発する。

ルイ自身は、実はそれほど大それた野望は抱いていなかったのだが、高祖父のカール5世譲りで野心家とのレッテルを貼られた彼は、最終的には孫へのフランス王位継承権を諦め、周辺国の要求に屈していく。

これと同時期に、北欧ではスウェーデンが周辺諸国からの突き上げを受けていた。中でも、これに関わる強大国として登場してきたのが東のロシアであった。

17世紀までは「アジアの専制国家」として「野蛮国」といった扱いを受けてきたロシアは、ポーランドやオスマン帝国ににらまれ自国の防衛に汲々（きゅうきゅう）とするだけであった。それがピョートル1世（在位1682〜1725年）の時代になり、欧州国際政治への参入を開始する。

ピョートルは自ら使節団を率いて西欧諸国を歴訪し、当時の最新の技術や制度、法などを吸収して自国に持ち帰った。およそ200年後に明治初期の日本が岩倉使節団を欧米諸国に派遣したのと同じである。

ピョートルはこのときに「勢力均衡」という概念を学び、西隣の大国スウェーデンをポーランドやデンマーク（ノルウェー）、プロイセンなどと共闘して打ち破り、ロシアを本格的に欧州の一員の座に就けた。世にいう「大北方戦争」（1700〜21年）である。

ところが皮肉なことに、今度はピョートル自身が「勢力均衡」によって包囲されていく。スウェーデンに代わる新たな北欧の脅威として登場したロシアは西欧諸国から警戒され、一時は英国、フランス、オーストリア、プロイセンが包囲網まで築こうとした。

大北方戦争で最大の戦功を立てたロシアに、見返りはあまり与えられなかった。ピョートルは欧州国際政治の厳しい現実も、このときしっかりと学んだのである。

欧州政治の中のロシア

「大帝」と呼ばれたピョートル亡き後、ロシアは欧州流の外交もしっかり身に付けていく。ロシアはエカチェリーナ2世（在位1762〜96年）の時代までには大国の仲間入りを果たし、ナポレオン戦争（1800〜15年）が終結したときには、英国と並ぶ世界でも最大級の「帝国」へと上り詰めていった。

とはいえロシアは、支配下に収めたポーランドを除き、欧州ではその版図を拡大することを極力避けていた。いざというときに反ロシアで団結できる西欧列強が怖かったのである。

この間にロシアは東方で勢力を拡張し、今や弱小国となっていたオスマン帝国の領土を侵食していった。このためロシアの地中海進出を阻止しようとオスマンに加勢した英仏とのクリミア戦争（1853〜56年）は見られたが、ロシアが西欧列強と事を構えることはなかった。

しかし、それもロシアのバルカン進出が一因となり、第1次世界大戦（1914〜

18年）が勃発すると、ロシアはドイツの攻勢に押されロマノフ王朝の滅亡（17年のロシア革命）へとつながる。

革命後のソ連は西欧列強による干渉戦争の後遺症もあって、欧州国際政治には極力関わりを持たなかったが、1941年6月の独ソ戦の開始とともに再び欧州国際政治に組み込まれた。さらに戦後には米国と並ぶ超大国として、今度は欧州国際政治を東側から操る新たなる「帝国」となっていった。

それも欧州での冷戦の終結（90年）と翌年のソ連崩壊により、ロシアは再び欧州国際政治の一員となったはずであった。とはいえ、冷戦時代に西側によって築かれたNATO（北大西洋条約機構）やEU（欧州連合）といった枠組みにロシアは簡単には入れない。そしてこの「ウクライナ危機」である。プーチン大統領が最も尊敬するのが、かのピョートル大帝だという。大北方戦争の後、西欧諸国の団結を前にわが身を律した大帝の謙虚な姿勢を、プーチンはもう一度見直す時機に来ているのかもしれない。

君塚直隆（きみづか・なおたか）
1967年生まれ。上智大学大学院文学研究科史学専攻博士後期課程修了。博士。『イギリスの歴史』『悪党たちの大英帝国』『エリザベス女王』『ヨーロッパ近代史』など著書多数。

【週刊東洋経済】

本書は、東洋経済新報社『週刊東洋経済』2022年5月14日号より抜粋、加筆修正のうえ制作しています。この記事が完全収録された底本をはじめ、雑誌バックナンバーは小社ホームページからもお求めいただけます。

小社では、『週刊東洋経済eビジネス新書』シリーズをはじめ、このほかにも多数の電子書籍ラインナップをそろえております。ぜひストアにて「東洋経済」で検索してみてください。

『週刊東洋経済eビジネス新書』シリーズ

No.393　物流　頂上決戦

No.394　すごいベンチャー2021〔前編〕

No.395　すごいベンチャー2021〔後編〕

No.396　米国株　超入門

No.397　ビジネスと人権

No.398　無敵の話し方
No.399　ＥＶ　産業革命
No.400　実家のしまい方
No.401　みずほ　解けない呪縛
No.402　私大トップ校　次の戦略
No.403　ニッポン再生　７つの論点
No.404　マンション管理
No.405　学び直しの「近現代史」
No.406　電池　世界争奪戦
No.407　定年格差　シニアの働き方
No.408　今を語る１６の視点　２０２２
No.409　狙われる富裕層
No.410　ライフシフト超入門
No.411　企業価値の新常識

No.412　暗号資産&ＮＦＴ
No.413　ゼネコン激動期
No.414　病院サバイバル
No.415　生保　最新事情
No.416　Ｍ&Ａマフィア
No.417　工場が消える
No.418　経済超入門　２０２２
No.419　東証　沈没
No.420　テクノロジーの未来地図
No.421　年金の新常識
No.422　先を知るための読書案内

週刊東洋経済eビジネス新書　No.423
欧州動乱史

【本誌（底本）】
編集局　長谷川　隆、福田恵介
デザイン　伊藤佳奈、杉山未記
進行管理　三隅多香子
発行日　2022年5月14日

【電子版】
編集制作　塚田由紀夫、長谷川　隆
デザイン　市川和代
制作協力　丸井工文社
発行日　2023年5月11日　Ver.1

発行所　〒103-8345
東京都中央区日本橋本石町1-2-1
東洋経済新報社
電話　東洋経済カスタマーセンター
03（6386）1040
https://toyokeizai.net/
発行人　田北浩章

電子書籍化に際しては、仕様上の都合などにより適宜編集を加えています。登場人物に関する情報、価格、為替レートなどは、特に記載のない限り底本編集当時のものです。一部の漢字を簡易慣用字体やかなで表記している場合があります。本書は縦書きでレイアウトしています。ご覧になる機種により表示に差が生じることがあります。

※本刊行物は、電子書籍版に基づいてプリントオンデマンド版として作成されたものです。